考拉旅行　乐游全球

■ 说走就走的旅行 有我，就是这么简单！ ■ 一书在手，畅游无忧

NORTHERN EUROPE GUIDE
畅游北欧
就这本超棒！

总策划 黄金山
《畅游北欧》编辑部 编著

华夏出版社
HUAXIA PUBLISHING HOUSE

目录 CONTENTS 畅游北欧 NORTHERN EUROPE

LOOK!北欧!	010
北欧面孔!	011
TIPS!北欧!	016
速报!10大人气好玩旅游热地!	028
速报!10大无料主题迷人之选!	031
速报!10大人气魅力平民餐馆!	035
购物!买平货10大潮流地!	040
带回家!特色伴手好礼!	044
超IN!6天5夜计划书!	047
GO!挪威!	052
GO!丹麦!	106
GO!瑞典!	170
GO!芬兰!	212
GO!冰岛!	254

❶ 挪威奥斯陆中央车站 063

奥斯陆中央车站	064
奥斯陆大教堂	064
电影博物馆	065
挪威建筑博物馆	065
挪威国会大厦	066
当代艺术博物馆	067
奥斯陆歌剧院	068
卡尔·约翰斯大道	069
Stortorvets Gjaestgiveri	070
蒙克博物馆	071

❷ 挪威王宫 073

挪威王宫	074
国家剧院	075
Nydalen地铁站	075
奥斯陆大学	076
易卜生博物馆	077
诺贝尔和平中心	077
挪威国家美术馆	078

历史博物馆	079
奥斯陆市政厅	079
阿克斯胡城堡	081
Aker Brygge购物商场	081

❸ 挪威奥斯陆其他　083

维京船博物馆	084
挪威民俗博物馆	085
弗拉姆极圈探险船博物馆	085
康提基博物馆	086
维格兰博物馆	086
挪威海洋博物馆	087
维格兰雕塑公园	088
奥斯陆市立博物馆	089

❹ 挪威其他　091

哈孔城堡	092
罗森克兰塔	092
布里根旧城区	093
布里根博物馆	093

托加曼尼根广场	094
卑尔根大教堂	094
卑尔根鱼市	095
汉萨集会所	095
汉萨博物馆	096
卑尔根水族馆	096
卑尔根美术馆	097
自然史博物馆	098
文化史博物馆	099
西挪威装饰艺术博物馆	099
老卑尔根博物馆	100
弗洛伊恩山	100
尤里肯山	101
鲑鱼中心	102
松恩峡湾	102
夫拉姆	103
拉达尔村	105

❺ 丹麦哥本哈根市政厅　113

哥本哈根市政厅	114
哥本哈根嘉年华	115
皇家哥本哈根	115

丹麦设计中心	115
新嘉士伯博物馆	116
趣伏里公园	117
Det Gule Hus Cafe & Dining Room	118
丹麦国家博物馆	119
哥本哈根爵士现场	120
克里斯蒂安堡宫	121
圣母教堂	122
圆塔	123
尼古拉斯教堂	123
哥本哈根步行街	124
石雕博物馆	125
丹麦犹太博物馆	125
旧股票交易中心	126
Georg Jensen	126
救世主教堂	127
国立图书馆	127

新国王广场	131
阿玛莲堡王宫	133
Cafe Petersborg	133
丹麦琥珀屋	133
新港	134
哥本哈根歌剧院	135
国立美术馆	135
洛森堡宫（玫瑰宫）	136
哥本哈根植物园	137

❼ 丹麦哥本哈根其他　139

嘉士伯啤酒游客中心	140
哥本哈根市博物馆	141
Radisson SAS Royal Hotel	141
路易斯安那美术馆	142
菲登斯堡宫	143
腓特烈堡	144
阿肯美术馆	145

❻ 丹麦小美人鱼像　129

小美人鱼像	130
工艺设计博物馆	131
腓特烈教堂	131

❽ 丹麦阿胡斯　147

市政厅	148

维京文物馆	148	罗斯基尔Galleri NB艺廊	163
圣母教堂	149	奥丹斯大教堂	163
阿胡斯美术馆	150	伊格斯考夫堡	163
国立露天博物馆	151	SAS Radisson H.C Andersen	164
阿胡斯大学	152	里贝大教堂	165
市立博物馆	152	里贝维京博物馆	166
阿胡斯大教堂	153	Dagmar饭店	166
莫斯格史前博物馆	153	乐高乐园	167
		里贝事件柱	169

⑨ 丹麦其他　155

赫尔辛格旧城	156
圣玛利亚教堂	156
罗斯基尔宫殿	157
维京博物馆	157
克伦堡	158
奥丹斯安徒生故居	160
安徒生博物馆	161
安徒生公园	161
罗斯基尔大教堂	162

⑩ 瑞典斯德哥尔摩市政厅　177

斯德哥尔摩市政厅	178
Crystal Art Center	179
瑞典王家公园	179
Ostermalmshallen	179
历史博物馆	180
ABSOLUT Ice Bar Stockholm	180
音乐博物馆	181
Mathias Dahlgren	181
瑞典国家美术馆	182
Svenskt Tenn	182
王家歌剧院	183
干草广场旧货市场	183

⑪ 瑞典斯德哥尔摩其他　185

瑞典王宫	186
大教堂	186
德国教堂	187
诺贝尔博物馆	187
现代美术馆&建筑博物馆	188
瓦萨号战舰博物馆	188
交通博物馆	189

北方民俗博物馆	189	马尔默市立图书馆	207
斯坎森露天博物馆	190	马尔默设计中心	207
米勒公园	191	圣彼得大教堂	208
卓宁霍姆宫	191	高特岛	209
		Clarion Wisby Hotel	209

12 瑞典哥德堡 193

哥塔广场	194
艺术博物馆	194
古斯塔夫阿道夫广场	195
王冠之家	195
里瑟本游乐园	195
小博门码头	196
埃尔夫堡防御设施	196
海事博物馆	197
沃尔沃汽车博物馆	197

维斯比旧城区	210
水晶王国	210
维京文化村	211

14 芬兰赫尔辛基 221

赫尔辛基中央车站	222
Stockmann百货公司	222
赫尔辛基市立美术馆	223
邮政博物馆	224
阿莫斯安德森美术馆	224
现代博物馆	225
雅典娜美术馆	225
埃斯普拉纳蒂公园	226
芬兰建筑博物馆	226
白色大教堂	227
artek	228
乌斯本斯基大教堂	228
露天市集广场	229
Pohjoisesplanadi购物街	230
设计美术馆	230
芬兰国会大厦	231
芬兰国家博物馆	231
芬兰厅	232
岩石大教堂	233

13 瑞典其他 199

西格图娜市政厅	200
圣玛利亚教堂	200
圣奥勒夫教堂遗址	200
红姑妈咖啡屋	201
蓝姑妈餐厅	201
达拉纳博物馆	201
绿姑妈古董店	202
佐恩博物馆	202
法伦铜矿区	203
木马工坊	204
卡尔玛城堡	204
卡尔玛旧城区	204
卡尔玛大教堂	205
卡尔玛博物馆	205
旋转大楼	205
马尔默城堡	206

15 芬兰赫尔辛基郊区 235

西贝柳斯公园	236
芬兰防御城堡	237

赫尔辛基奥林匹克体育场	238
塞拉沙里岛	239

16 芬兰其他　241

图尔库大教堂	242
图尔库城堡	242
西贝柳斯博物馆	243
海洋博物馆	243
图尔库中古&现代艺术史博物馆	243
坦佩雷大教堂	244
列宁博物馆	244
间谍博物馆	244
Sarkanniemi Elamyspuisto冒险乐园	245
纺织工厂	247
坦佩雷噜噜米山谷艺术博物馆	247
Museokeskus Vapriikki博物馆	247
Amurin工人住宅博物馆	248
Pyynikin Nakotorni观景塔	248
海门林纳美术馆	248
军事博物馆	249
西贝柳斯故居	249
监狱博物馆	249
海门城堡	250
海门林纳历史博物馆	250
拉普凡-罗瓦涅米北极圈博物馆	251

圣诞老人村	252

17 冰岛雷克雅未克　263

雷克雅未克旧城区	264
赫格瑞斯克雅教堂	265
雷克雅未克市政厅	265
珍珠楼	266
国会旧址	267
蓝湖	267
金圈之旅	268

18 冰岛其他　271

维克镇	272
高莎瀑布	273
杰古沙龙冰河湖	274
杰克拉瑟	274
瓦特纳冰原国家公园	275
胡沙维克赏鲸之旅	276
阿库瑞里劳法斯传统房屋	277
米湖	277

出游需要个好帮手

《畅游世界》系列图书即将付梓，编者嘱我写序。我曾经从事旅游出版工作十余年，对旅游图书有些感觉，在这里谈一点感言，权作交差吧。

人生数十载，不外乎上学、工作、生活三部分内容。上学和工作乐趣不多，压力不少；只有生活（上学和工作之外）能够品尝出些许味道。而这其中，最有意思、最令人向往、最能给人带来欢乐与回味的生活方式便是旅游，尤其对于当今生活节奏快、成本高，工作压力大、收入低，人口密度高、服务差，整天像牛马一样机械地干活的都市人来说，旅游是一副综合的良药，虽不能说包治百病，却是良效多多。记得哲人歌德说过："大自然是一部伟大的书。"而旅游就是阅读这部大书最为轻松愉悦的方式。一次短暂的旅游，可以使心灵得到长时间的安宁与抚慰；一次遥远的旅游，可以领悟人生的坎坷，体验生命的精彩；一次艰辛的旅游，留下的是难忘的记忆；一次快乐的旅游，带来的更是值得珍藏的财富。总之，旅游陶冶人的情操，愉悦人的身心，给人的生活带来无尽的希望与力量。

一次成功的旅游，需要做好三个阶段的工作：行前准备、途中指引、归来总结，而一本好的旅游指南书都能帮您搞定。虽然说现今的网络发达时代，利用各种固定的、移动的电子设备，可以查询相关旅游信息，方便快捷，但我对这些东西其实并不感冒，起码目前是这样，因为网上的信息东拼西凑、复制粘贴的太多，新兴的数字出版领域从行规建设、人员素质、质量控制等等诸多方面，要比已经发展了近百年的传统纸质图书行业稀松得多，可信度自然也就大打了折扣。数字出版物要想俘住广大读者的心，还有很长的路要走。所以，我建议出游的人们目前携带一本精要实用的纸质旅游指南书，还是明智的选择。

书店的旅游指南销售柜台已经摆满了花花绿绿的多家产品，各有优劣，读者尽可随意挑选。如果要我做个推荐，我自然要首推华夏出版社的"华夏行者——《畅游世界》"系列。这是一套为旅游爱好者量身定制的旅游指南书，通篇贯穿着一个宗旨，那就是让旅游者"畅"，食住行游购娱一路顺畅，惊喜快乐。书中对目的地的地理、气候、人文、区划、交通等作了详尽的介绍，还对当地的旅游热点、风味美食、平民餐馆、伴手好礼以及购物佳地等都进行了精选归纳和说明，最重要的还是本书精心设计的几天几夜游，它对于那些没时间计划或不会计划的忙人或懒人来说，很是管用，让您无需计划，拎起本书即可坦然上路。至于它是否具备优秀旅游指南的各项要素，诸如全面性、准确性、实用性、针对性、时效性、美观性等等，我便不再废话，说多了有"王婆卖瓜，自卖自夸"嫌疑，读者用过了，自然便有了答案。

仁者乐山，智者乐水。对于热爱生活的人们来说，旅游的步伐，从来都是风雨无阻，愿携带《畅游北欧》出行的人们，畅来畅往，快乐安康。

华夏出版社社长、总编辑

LOOK!北欧!

1 北欧

概况

北欧地区一般指北欧理事会的挪威、瑞典、芬兰、丹麦和冰岛5个国家,以及实行内部自治的法罗群岛。北欧各国大部分国土都地处北极圈,冬季漫长,气候寒冷,同时人口密度较低。但北欧各国经济水平很高,丹麦、瑞典的人均GDP一直位居世界前列。

印象

四季分明的北欧每个季节都如画般美丽,乘高山火车或是游船在挪威峡湾欣赏壮美的山林;在冰岛体验天然的蓝色温泉,或是乘着冰上摩托驰骋在一望无际的冰原上;在丹麦哥本哈根这个童话般的城市与安徒生笔下的小美人鱼合影留念;跨过北极圈,在圣诞老人的北极村内给自己家中寄上一封盖着圣诞邮戳的明信片……各种无与伦比的观光体验吸引了无数游人慕名来到北欧,感受这里的独特魅力和舒适生活。

地理

北欧地区除欧洲第四纪冰川的主要中心——斯堪的纳维亚山海拔较高外,大部分地区海拔较低,地面平缓,多为台地和北欧蚀余山地。北欧主要地貌特征是冰蚀湖群、羊背石、蛇形丘、鼓丘交错,湖泊众多,河流短小,其中芬兰更是有"千湖之国"的称号。冰岛地处大西洋北部,靠近北极圈处,是欧洲第二大岛屿,全岛四周为海岸山脉,共有100多座火山,被称为"冰火岛国"。

气候

北欧地处北温带向北寒带交界处,内陆地区主要为亚寒带针叶林气候,只有深受北大西洋暖流影响的地区为温带海洋性气候。北欧地区冬季漫长,终年气温较低,夏季短暂温暖,由于蒸发弱,相对湿度较高,气温年较差大。由于北欧地区所处纬度高,冬季黑夜时间漫长,正午太阳高度较小,又有积雪覆盖,地面辐射冷却剧烈,游人需注意保暖防寒。

北欧面孔！

NO.1 童话王国

北欧是一个充满了神奇幻想的地方，丹麦更是世人皆知的童话王国，著名的安徒生童话不知道陪伴多少人度过了他们的童年。那一个个奇思妙想的故事让人遐想联翩，使人们对北欧更加向往。在丹麦首都哥本哈根随处都可以见到童话的影子，金碧辉煌的城堡、诗意盎然的田园风情，好像是走进了童话故事里一般，而标志性的小美人鱼雕塑更是引得来自世界各地的游客争相拜访。此外，安徒生故居等景点也都是童话迷们不可错过的地方。

NO.2 北欧海盗

在公元10—12世纪这200多年间，横行于北欧海上的维京海盗一直都是人们谈之色变的海上霸主。这些彪悍的海盗头戴牛角盔，身穿少量的铠甲，手持刀剑、长矛和斧头，作战勇猛无比，他们的活动范围并不限于大海上，甚至经常前往陆地劫掠。每当他们洗劫了一个地方，也不知不觉地将文明的种子播散下去。如今在瑞典、挪威、丹麦依然可以看到不少维京人留下的遗迹，维京人在航海、建筑、宗教、社会等方面至今依然对北欧地区产生着深远的影响。

畅游北欧 推荐

NO.3 圣诞老人

　　圣诞老人是西方的小孩子们心目中最可爱的老人。他长着一大捧白胡子，身穿红色棉衣，头戴红帽子，脚踏红靴，笑声和蔼可亲。传说每到圣诞前夜，他们会坐着驯鹿拉的车，偷偷地通过烟囱进入到人们家里，在孩子们的床头放上圣诞礼物。虽然神话中的圣诞老人并不存在，但是在芬兰的罗凡涅米却有着世界上独一无二的圣诞老人村。在那里会有一位"圣诞老人"，每天阅读着从世界各地送来的信件，并在回信上加盖圣诞老人的邮戳，继续为孩子们编织梦想。

NO.4 北极圈

北欧地区有很大一部分位于北极圈内，因此也能看到极为壮美的北极圈风光。北极圈内一片冰天雪地，到处都是白茫茫一片，矗立在地上的雪树、冰柱等诡异多姿，是大自然无心之作。在芬兰罗凡涅米的圣诞老人村中，有一处北极圈分界标志，标志线上布满彩灯，十分漂亮，人们可以脚跨标志线两端留影以作纪念。到了夜晚，人们有时候还能发现绚烂的极光，那神秘诡异宛如梦境一般的景色，让人一生也难以忘记。

畅游北欧 推荐

NO.5 自然风光

北欧地区拥有壮美无比的景观,各个国家都有各自不同的特色风光。其中最著名的当属瑞典、挪威和芬兰的峡湾风光,一座座高山被远古的冰川分割得四分五裂,形成了千奇百怪的地形,大自然的鬼斧神工让人惊叹不已。此外,丹麦有著名的费马恩海峡,号称"北欧的门户",其风景壮丽雄伟,不可错过。挪威特罗瑟姆宛如少女般的林根雪山、芬兰纯净无比的极地风光,就好像北欧神话中众神居住的地方一般,美丽之余更带有一丝神圣的感觉,吸引着每一个人。

NO.6 北欧神话

　　北欧神话是北欧文化的象征，最初从挪威、丹麦和瑞典等国口头流传开来，然后随着维京海盗的称霸一方来到了欧洲各地，成为完整的神话体系。北欧神话中有感情丰富的诸神，也有追名逐利的凡人，更有让人传颂的英雄。和其他神话不同的是，北欧神话中的世界最后毁灭在了"诸神的黄昏"之中，而新生的神也给人们带来了无穷的希望。如今北欧神话的故事出现在各种文学体裁之中，如流传千古的瓦格纳歌剧《尼伯龙根的指环》。

畅游北欧 推荐

TIPS！北欧！

1 办理签证申请

瑞典、丹麦、芬兰、冰岛、挪威等北欧国家都是申根协定国家。中国公民只要持有奥地利、比利时、丹麦、芬兰、法国、德国、冰岛、意大利、希腊、卢森堡、荷兰、挪威、葡萄牙、西班牙、瑞典、匈牙利、捷克、斯洛伐克、斯洛文尼亚、波兰、爱沙尼亚、拉脱维亚、立陶宛、瑞士、马耳他和列支敦士登这26个国家中任何一个申根成员国签发的签证，前往瑞典、丹麦、芬兰、冰岛、挪威就不需要另外申请签证。

北欧国家签证具体办理手续如下：

赴北欧旅游	
申请资格	目前全国所有地区的公民都可以申请赴北欧各国旅游。
所需材料	1.有效期在6个月以上的因私护照原件，护照至少有2张连续空白页，在护照最后一页须签中文全名； 2.个人资料表，如果有过拒签，请写明拒签的时间，特别是曾经被申根国拒签过一定要注明； 3.签证申请表； 4.2寸白底彩色近照4张； 5.户口本原件及复印件，全体家庭成员的户口本每一页复印件； 6.身份证及其复印件，新版身份证需复印正反两面； 7.资产证明：金额在5万元人民币以上或等值外币的个人银行存款证明及房产证复印件证明、汽车行驶证等，存款证明需为银行标准格式，有正确的英文译文，不可手写；存款证明的到期日需冻结到回国之后30天，如果为夫妇共同申请须同时提供结婚证明； 8.往返机票订票单：只要可以购买国际机票的售票处或者机票代理，都可以出具； 9.涵盖整个行程的国际旅游保险，其中医疗部分不低于3万欧元，可代理购买，需另收费； 10.用公司抬头纸打印的准假信（在职人员提供），内容包含申请人姓名、职位、收入、入职时间、请假许可、回国后工作关系的确认；由负责人签名盖公章（注明负责人姓名及职位）；注明雇主的全称、地址、电话和传真号码。
停留时间	视领馆而定。
所需费用	1000元左右
注意事项	1.申请签证时一定要与真实情况相符，否则可能会被永久拒签； 2.准备材料时，最好认真、严格、细致地准备，这样通过的成功率更高； 3.申根签证有几次进出申根国家的限制，请事先了解清楚，以免到时无法入境； 4.申请人需要亲自前往签证申请中心递送材料，所有的未成年人必须由其父母/监护人陪同递交； 5.在办理签证之前，最好先向北欧各国驻华使领馆通过电话或网页查询的方式了解相关要求，以免准备不全； 6.若有任何关于签证申请的问题需要询问，该国大使馆/领事馆可能会要求申请人去面试。

*上述介绍仅供参考，具体申请手续以当地有关部门公布的规定为准。

❷ 挪威签证

如果您的出行目的地为一个申根国家,请将签证申请材料递交到该国的驻华使(领)馆。

如果您的出行目的地为多个申根国家,请将签证申请材料递交到您的主要目的地国(即您停留时间最长的国家)的驻华使(领)馆。

如果您计划访问多个国家,但是没有主要目的地(即您在每个国家停留时间相同),请将签证申请材料递交到您的第一入境国的驻华使(领)馆。

北京:所有来自挪威驻北京大使馆的管辖区的申请人必须将签证申请材料递交到挪威签证申请中心(北京)。挪威驻北京使馆管辖区包括:北京、重庆、甘肃、贵州、河北、黑龙江、河南、湖北、湖南、内蒙古、吉林、辽宁、宁夏、青海、陕西、山东、山西、四川、天津、西藏、新疆和云南。

广州:所有来自挪威驻广州领事馆管辖区的申请人必须将签证申请材料递交到挪威签证申请中心(广州)。挪威驻广州领事馆的管辖区包括:广东、福建、广西和海南。

上海:挪威驻上海领事馆的管辖区包括:安徽、江苏、江西和浙江。只有团队旅游签证和个人旅游签证申请人将签证申请递交给挪威签证中心(上海),其他各类申根签证(商务签证、探亲访友签证和文化体育类签证)和居住许可申请人必须在网上预约后将材料递交到挪威驻上海领事馆。

申请签证步骤:

步骤1: 注册登陆在线申请网址:https://selfservice.udi.no/en-gb/

类型选择申根签证(短期访问)。您必须网上填写签证申请,选择递交到您所在地的使(领)馆,而非您目的地国的机构。

上海领区的申请人:申根签证(商务签证、探亲访友签证和文化体育类签证)和居住许可申请必须在递交材料前从在线申请网址(https://selfservice.udi.no/en-gb/)预约送签时间。

北京和广州领区的申请人则不需要从在线申请网址预约送签时间。

请注意所有申请人在挪威签证申请中心递交签证材料时,都需要打印并提供在线付费收据。

在北京、上海、广州签证中心递交材料的申请人都

需要向挪威签证申请中心交服务费。

团队出行的申请人请在在线申请网址登记时选择团队签证。

步骤2: 递交申请材料和护照

成功在在线申请网址完成登记后,请将护照和其他申请材料递交至北京和广州的挪威签证申请中心。

上海领区:只有团队旅游和个人旅游的申请人可以将申请材料递交到挪威上海签证申请中心。其他各类申根签证(商务签证、探亲访友签证和文化体育类签证)和居住许可申请人必须在网上预约后将材料直接递交到挪威驻上海领事馆。

须知:所有申请人都必须由本人亲自递交签证申请材料。

步骤3: 签证审理时间和周期

签证审理周期因具体材料和情况而不同,但通常来说申请人需要在出发前几周进行申请。申根签证材料最早申请时间为出发前的90天,最迟为出发前15天。

正常情况下,签证申请材料由北京使馆、上海和

贴 士

向使（领）馆递交申请材料时，请按照以下顺序排列整齐：

1.护照（新旧都提供）要求在签证失效后仍有不少于90天的有效期。至少有2页空白签证页，近10年内签发。

2.近6个月内的2寸白底彩色证件照。

3.申根签证表，填写完整的申根签证表格和在线申请的确认信（申请人签字）。

4.在线申请的交费收据。

5.机票订单:航空公司出具的往返行程。请在获得签证后再交费购买机票！

6.有效的旅行医疗保险，范围覆盖申根地区，时间包括旅行全程，保额最低为3万欧元。

7.行程单，包括转机行程安排、过境路线和交通方式。

8.申根地区全部行程的住宿证明(酒店预定单），包括酒店名称、电话、传真以及各酒店的停留时间。

9.护照复印件(所有相关和已使用过签证页)以及护照照片页的复印件。

10.申请人偿付能力证明。最近3个月的银行对账单，无需存款证明。

11.工作证明：

在职人员:盖章的公司营业执照复印件；由雇主出具的证明信，需使用公司正式的信头纸并加盖公章，签字；并明确日期及如下信息：任职公司的地址、电话和传真号码，申请人姓名、职务、收入和工作年限，准假信息，签字人员的姓名和职务。如原件为中文则必须翻译。

退休人员:养老金或其他固定收入证明。

未就业成年人: 已婚者，提供配偶的在职和收入证明加婚姻关系公证书（需认证）。

单身\离异\ 丧偶人员: 提供其他的固定收入证明。

12.未成年人(18岁以下)：

亲属关系公证书或监护权公证书(需经外交部认证）。

学生证加学校出具的证明信原件，包含如下信息：完整的学校地址、电话和传真号码，准假证明，批准人的姓名及职位。原件如为中文必须翻译。

未成年人单独旅行或者和父母一方旅行时：(当未成年人单独旅行时)由父母双方或法定监护人出具的，或者(当未成年人跟随父母一方或监护人旅行时)由不同行的另一方家长或者监护人出具的出行同意书公证书，亲属关系公证书和监护权公证书。公证书必须翻译成英文并经外交部认证生效。

13.户口本原件及其所有页的复印件，包括非申请人本人页的信息页（仅限中国公民）。

14.非中国籍申请人: 有效的中国居住许可的复印件。

15.授权书 （如需授权挪威联系人或他人代为咨询签证情况，可选择填写，表格可从使馆网站下载）。

依据申根签证法则第20条，所有护照（外交、公务和因公护照例外）在递交签证材料时，需要加盖使馆公章，以便于了解签证申请日期和地点，并无其他含义。

由申根国签发的申根签证适用于整个申根地区，除非在签证页内有特殊注明。然而根据申根签证法则第47（i）的规定，获得申根签证并不代表就可自由进入申根区。按照申根边境法则的规定，签证持有人将在入境时被要求出示符合入境规定的证明。

广州领馆审理决定。复杂的个案则将转交挪威移民局审理。

步骤4：签证结果和护照返还

使（领）馆审理结束后会将申请人的护照和决定转交各签证中心。申请人可以于周一到周五的早晨8点到下午3点至签证中心领取。

申请人也可以在签证申请中心递交材料时选择回邮护照和决定的服务，将护照和决定寄回办公或居住地址。

个人旅游：

在向使（领）馆递交申请时，请按以下清单准备好所需材料，否则签证申请可能被拒签。提交签证申请时需要提供所有的原件材料，如果原件材料有复印件，核对后原件将会退还给申请人。原件材料包括公证书、保险、挪威方担保函等。

关于必要文件的翻译规定：翻译必须注明翻译者或翻译机构，并且注明翻译时间。所有文件以A4纸的尺寸递交。

使馆保留要求其他补充材料的权利。如有必要，可能会对申请人进行面试。另外提供所需材料并不等同于签证获得批准。

❸ 丹麦签证

北京管辖区包括：除了属于上海、广州和重庆管辖区的省份外，所有其它中国的省和自治区。

上海管辖区包括：江苏、上海、浙江、安徽、江西。
广州管辖区包括：广东、福建、海南、广西。
重庆管辖区包括：重庆、四川、云南、贵州。

> **小贴士**
>
> 申请人须本人递交签证申请。
> 另外，签证官会根据您的申请，决定是否需要本人前往丹麦王国驻北京大使馆、丹麦王国驻上海总领事馆或者丹麦王国驻广州总领事馆进行面谈。届时，签证申请中心会根据使领馆的要求为您预约面谈时间。

签证申请流程：

第一步：签证申请中心接收申根签证和丹麦居留许可的申请。

第二步：递交申请前，请确认你的出行目的是否明确——签证申请中心仅对您的签证申请流程提供协助，而并不允许建议或指引您去选择签证类别，由于签证中心的

工作主要为行政性质，签证中心无权决定您会否获得签证，也无法预估审核时间的长短，最终结果完全取决于丹麦驻华使领馆的决定。

第三步：了解不同签证类别的详情。
第四步：请确保您到签证申请中心前已阅读有关安全条例的公告。

在线查询您的申请

如已在签证申请中心递交签证申请，您可通过输入您的受理号及出生日期，在该网址：http://www.denmarkvac.cn/chinese/track.html查询相关进度。

> **小贴士**
>
> 递交签证申请时，护照要在签证到期后至少有3个月的有效期。请注意，丹麦王国驻北京大使馆、丹麦王国驻上海总领事馆和丹麦王国驻广州总领事馆不接受护照加页。如果您的护照没有空白页贴签证，您须在递交申请前更换一本新护照。

签证申请审核时间

根据欧盟签证法规，申请处理的最长时间不得超过15个工作日，或特殊申请处理不得超过30或60个工作日。丹麦大使馆和领事馆致力于在5到11个工作日内处理申请。

在重庆签证申请中心提交签证申请时，请预计签证处理周期至少3周。这是因为所有申请材料会被快递至北京丹麦驻华大使馆，由使馆处理签证申请，处理完毕后再将护照从北京邮寄回重庆。申请人应在计划出行前一个月提交申请，以确保签证按计划申请下来。为了更快取到护照，我们建议申请人在重庆签证中心递交材料时选择护照快递服务并支付快递费用。这样北京丹麦大使馆受理完毕后直接把申请人的护照快递给申请人，而不是邮寄到重庆丹麦签证中心。

一旦您的申请需要被转到丹麦移民局受理，审核时间将相应延长。

丹麦签证申请中心

北京丹麦签证申请中心

地址：北京市朝阳区工人体育场北路13号院1号楼703室（海隆石油大厦）

上海丹麦签证申请中心

地址：上海市黄浦区四川中路213号久事商务大厦3楼

邮编：200002

申请受理时间：8:00-14:30（周一至周五）

领取护照时间：8:00-15:00（周一至周五）

咨询电话：021-65965810

咨询时间：8:00-15:00（周一至周五）

电子邮件：infosha.dkcn@vfshelpline.com

广州丹麦签证申请中心

地址：广州市天河区体育西路189号城建大厦2楼217室

申请受理时间：8:00-14:30（周一至周五）

领取护照时间：8:00-15:00（周一至周五）

咨询电话：020-38681304

咨询时间：8:00-15:00（周一至周五）

电子邮件：infocan.dkcn@vfshelpline.com

重庆丹麦签证申请中心

地址：重庆市渝中区民生路235号J.W.万豪酒店写字楼，海航保利大厦33-F

邮编：400010

申请受理时间：8:00-15:00（周一至周五）

领取护照时间：8:00-15:00（周一至周五）

信息咨询电话：023-63702792

咨询时间：8:00-15:00（周一至周五）

电子邮箱：infojvac.chongqingchina@vfshelpline.com

❹ 瑞典签证

瑞典属于申根协议国家，所以具备其他申根国的签证也可以前往，无需再申请瑞典签证。

瑞典驻中国使领馆

地址：北京市朝阳区三里屯东直门外大街3号

邮编：100600

电话：010-65329790

传真：010-65325008

电子邮箱：ambassaden.peking@gov.se

大使馆上班时间：周一至周五8:30-12:30，13:30-17:30

大使馆开放时间：周一至周五9:00-12:00

签证处工作时间：周一至周五9:00-12:00

领事区域：瑞典驻中国各领事馆所管辖区域其余省份、西藏自治区、华北、华中及华西地区

瑞典驻上海总领事馆

地址：上海市淮海中路381号中环广场1521-1541室，邮编：200020

电话：021-53599610

传真：021-53599633

电子邮箱：generalkonsulat.shanghai@gov.se

对外接待时间：周一至周五9:00-11:30

总领馆电话开通时间：周一至周五8:45-11:45，14:00-17:00

如需咨询签证、居留许可和工作许可的问题，请于周一至周五15:00-16:00拨打领馆签证处直线电话。

领事区域：上海市、江苏省、浙江省、安徽省
网址：www.swedenabroad.com/shanghai

瑞典驻广州总领事馆
地址：广东省广州市天河北路233号中信广场1002B－1003，邮编：510610
电话：020-38113000
传真：020-38113040
电子邮箱：generalkonsulat.kanton@foreign.ministry.se
总领事馆对外开放时间：周一至周五9:00-12:00
电话咨询时间：周一至周五15:00-17:00
领事区域：广东省、广西壮族自治区、福建省、海南省
网址：www.swedenabroad.com/guangzhou

瑞典驻香港总领事馆
地址：香港中环渣打路3A香港俱乐部大厦8楼
电话：00852-25211212
传真：00852-25960308
电子邮箱：generalkonsulat.hongkong@foreign.ministry.se
领事部开放时间：周一至周五9:00-12:00
领事区域：香港、澳门（特别行政区）
网址：www.swedenabroad.com/hongkong

⑤ 冰岛、芬兰签证

冰岛签证就是申根签证。北京的冰岛大使馆并无签证的功能，需要去丹麦领事馆代办。冰岛在其它很多国家的签证也是由丹麦等北欧国家代办，具体详情请查询冰岛大使馆官网信息：http://www.iceland.is/iceland-abroad/cn/english/。

广州丹麦签证申请中心接受芬兰的短期签证申请。北京、上海和重庆丹麦签证申请中心不受理芬兰的签证申请，敬请留意。

办理签证时基本上都需要来回机票的行程单、酒店的一个计划或确认单（具体请一定看使馆的最新要求），以及旅游保险、一定的旅行金等。如果曾经持有过申根签证或者英美签证，办理会更容易（良好的记录）。需要注意的是，很多时候从冰岛／丹麦使馆办申根签证往往是你申请几天它就给你批几天，比如你申请10月1号到14号，很可能它批的时段就是1号到14号，或者前后各自富余几天。所以请先计划好大概行程，知道自己到底准备在冰岛逗留几天再申请签证，一旦批了又反悔行程，改动的空间不大。

出入境须知

北欧各国对出入境的管理各有不同。瑞典海关对普通出入境旅客携带食品、动植物、烟草、酒精类有一定限制和规定。免关税酒烟类：酒精含量超过22%，限量1升；酒精含量15%~22%，限量2升。总价值不超过1700克朗的啤酒；200支香烟或100支雪茄烟或250克烟草。18岁以下禁止携带烟酒。严禁携带毒品和枪支弹药。来自欧盟以外的国家的访客，未经瑞典农业部许可，不得携带肉类、动物制品，但不包括婴儿食品、奶

粉、用于治疗目的的特殊食物。不得携带欧盟以外的土豆进瑞典。而入境丹麦须随身携带经丹麦驻华使领馆确认的有效国际旅行保险单原件。如持商务签证访丹麦，边防警察会时常查验邀请函，并向代表团成员以及丹方邀请单位核实有关情况。此外，芬兰对中国游客入境检查较为严格，中国公民入境应选择非欧盟公民边检窗口。入关时一定要如实回答边防人员关于诸如来芬兰目的、停留天数、在芬兰接待单位等问题的询问，否则会被遣送回国。

货币兑换
北欧各国除芬兰为欧元区国家，丹麦、挪威、瑞典、冰岛均使用本国货币，但欧元在各国大部分商家也可以直接使用，非常方便。在北欧各国兑换货币，除银行外，还可前往各城市中央车站或机场的Forex处兑换，在丹麦境内的The Change Group同样提供外汇兑换服务。

通讯
丹麦、挪威、冰岛国内各城市间没有电话区号，只需直接拨打电话号码即可，瑞典、芬兰两国境内有不同城市区号，需要先拨打该城市所在区号再拨打电话号码。中国游客在北欧可直接使用国内的手机卡国际漫游，也可在当地自行购买电话卡使用，或者使用酒店房间内需要额外收费的电话。

电压
北欧各国电压全部为220V，电源插座为双孔圆形，游客最好提前准备适合自己电子设备的转接插头。

时差
丹麦、挪威、瑞典、芬兰所在时区比格林尼治时间早1小时，比中国晚7小时，每年3月底到10月底实行夏令时，比中国晚6小时。冰岛所在时区比中国晚8小时，每年夏令时比中国晚7小时。

穿衣
大部分时间前往北欧都需要准备保暖御寒的衣物，即使夏季也需要防止昼夜温差过大，最好准备一件薄外套。秋冬季在芬兰、冰岛等国户外观光时需要准备遮耳帽、手套、围巾以及防水靴等保暖衣物。

酒店住宿
北欧各国除一般酒店外，还有青年旅馆、民宿等不同选择。入住时间一般为14:00，退房时间为12:00以前，如果超时会加收费用。

饮水
北欧各国的自来水都是符合卫生标准的可直饮水，超市中的瓶装水价格普遍较贵，而且多为各种口味的气泡水。

付小费
游客在北欧各国餐厅就餐后结账的费用多已包含服务费，不需要另外单付小费，但在酒店或乘出租车时有服务生或司机帮忙搬运行李，或是餐厅并未收取服务费时，可以给予10%左右的小费。

退税

在北欧各国购物，如果商家挂有标"TAX FREE"字样的蓝灰色框标识，可在满足一定金额后向柜台索要Global Refund支票，并在离境前持支票在机场标识有Global Refund的柜台出示购买商品、发票、护照和填好的退税支票。退税支票盖章后，您可在现金退税处领取所退税款，也可选择汇入指定的信用卡或银行账户内。

北欧各国具体退税比例依各国规定不同，丹麦规定单一商店购物满300丹麦克朗就可退税，最高可退19%税款；瑞典规定购物金额只要满200瑞典克朗即可退税，最高可退17.5%税款；挪威购物满315挪威克朗可申请退税，最高可退19%税款；芬兰规定购物满40欧元可申请退税，最高可退税16%税款；冰岛购物满4000冰岛克朗可申请退税，最高可退15%税款。

常用电话

中国驻丹麦王国大使馆电话：0045-39460889

丹麦国内的长途汽车信息和订位电话：Eurolines Scandinavia 0045-33887000

丹麦报警、消防、救护电话：112

中华人民共和国驻挪威共和国大使馆电话：0047-22493857

报警、火警：112

急救：113

中华人民共和国驻瑞典大使馆电话：0046-8-0-763383654

报警、火警、急救：112

中华人民共和国驻芬兰共和国大使馆电话：00358-0-922890110

芬兰航空公司办事处订票电话：00358-9-8180800

火车站咨询电话：00358-307-20900

赫尔辛基港咨询电话：00358-9-173331

中华人民共和国驻冰岛共和国大使馆电话：00354-5526751

附：申根签证申请表

This application form should be filled out in English
此表格必须以英文填写

PHOTO
照片

Schengen Visa Application form
申根签证申请表

This application form is free
此表格免费提供

1. Surname (Family name) (x) 姓	For official use only 签证机关专用
2. Surname at birth (Former family name (s) (x) 出生时姓氏	Date of application:
3. First name (s) (Given name (s) (x) 名	Visa application number:
4. Date of birth (day-month-year) 出生日期 (日-月-年)	5. Place of birth / 出生地 6. Country of birth / 出生国	7. Current nationality / 现国籍 Nationality at birth, if different: 出生时国籍，如与现国籍不同	Application lodged at ☐ Embassy/Consulate ☐ CAC ☐ Service provider ☐ Commercial intermediary
8. Sex / 性别 ☐ Male / 男 ☐ Female / 女	9. Marital status / 婚姻状况 ☐ Single / 未婚 ☐ Married / 已婚 ☐ Separated / 分居 ☐ Divorced / 离异 ☐ Widow (er) / 丧偶 ☐ Other / 其它	Border Name: ☐ Other
10. In the case of minors: Surname, first name, address (if different from applicant's) and nationality of parental authority / legal guardian / 未成年申请人 须填上合法监护人的姓名、住址（如与申请人不同）、及国籍	File handled by:
11. National identity number, where applicable 身份证号码，如适用	Supporting documents: ☐ Travel document
12. Type of travel document 护照种类： ☐ Ordinary passport / 普通护照 ☐ Diplomatic passport / 外交护照 ☐ Service passport / 公务护照 ☐ Official passport / 因公护照 ☐ Special passport / 特殊护照 ☐ Other (please specify) / 其它旅行证件（请注明）：...................	☐ Means of subsistence ☐ Invitation ☐ Means of transport ☐ TMI ☐ Other:
13. Number of travel document 旅行证件编号	14. Date of issue 签发日期	15. Valid until 有效期至	16. Issued by 签发机关	
17. Applicant's home address and e-mail address 申请人住址及电子邮件	Telephone number(s) 电话号码	Visa decision: ☐ Refused ☐ Issued ☐ A ☐ C ☐ LTV
18. Residence in a country other than the country of current nationality 是否居住在现时国籍以外的国家 ☐ No 否 ☐ Yes. Residence permit or equivalent .... No .... Valid until.................. 是。 居留证 编号 有效期至	
*19. Current occupation 现职业	
*20. Employer and employer's address and telephone number. For students, name and address of educational establishment. 工作单位名称，地址和电话，学生填写学校名称及地址	☐ Valid From .... Until ....

Disclaimer: This translation is provided solely as a courtesy, in all cases the English version shall be decisive regarding any interpretation of the text.
本译文仅供参考，所有对本文件的解释以英文版为准

21. Main purpose(s) of the journey: 旅程主要目的			Number of entries:
☐ Tourism / 旅游	☐ Business / 商务	☐ Visiting Family or Friends / 探亲访友	☐ 1 ☐ 2 ☐ Multiples
☐ Cultural / 文化	☐ Sports / 体育	☐ Official visit / 官方访问	Number of days:
☐ Medical reasons / 医疗	☐ Study / 学习	☐ Transit / 过境	
☐ Airport transit / 机场过境			
☐ Other (please specify) / 其它 (请注明)			

(x) Fields 1-3 shall be filled in accordance with the data in the travel document
字段 1-3 须依据旅行证件填上相关资料

22. Member State (s) of destination / 申根目的地	23. Member State of first entry / 首入申根国
24. Number of entries requested 申请入境次数 ☐ Single entry / 一次 ☐ Multiple entries / 多次 ☐ Two entries / 两次	25. Duration of the intended stay or transit Indicate number of days 预计逗留或过境日数

The fields marked with * shall not be filled by family members of EU, EEA or CH citizens (spouse, child or dependent ascendant) while exercising their right to free movement. Family members of EU, EEA or CH citizens shall present documents to prove this relationship and fill in fields No 34 and 35.
欧盟、欧洲经济区或瑞士公民的家庭成员(配偶、子女或赡养的老人)行使其自由往来的权利，不必回答带（*）号的问题。欧盟、欧洲经济区或瑞士公民的家庭成员必须填写第 34 条及 35 条的问题并提交证明其亲属关系的文件。

26. Schengen visas issued during the past three years / 过去三年获批的申根签证
☐ No / 没有
☐ Yes. Date (s) of validity from …………………………………… to ……………………………………
有。 有效期由   至
27. Fingerprints collected previously for the purpose of applying for a Schengen visa 以往申请申根签证是否有指纹纪录
☐ No / 没有   ☐ Yes 有   …………………Date, if known / 如有，请写明日期…………………
28. Entry permit for the final country of destination, where applicable 最后目的地之入境许可
Issued by ……………………………...……… Valid from ……………………………until ……………………………
                签发机关   有效期由   至

29. Intended date of arrival in the Schengen area 预定入境申根国日期	30. Intended date of departure from the Schengen area 预定离开申根国日期

*31. Surname and first name of the inviting person (s) in the Member State (s). If not applicable, name of hotel (s) or temporary accommodation (s) in the Member States (s)
申根国的邀请人姓名。如无邀请人，
请填写申根国的酒店或暂住居所名称

Address and e-mail address of inviting person (s) / hotel (s) / temporary accommodation (s) 邀请人/酒店/暂住居所的地址及电字邮件	Telephone and telefax 电话 及 传真号码
*32. Name and address of inviting company / organization 邀请公司或机构名称及地址	Telephone and telefax of company / organisation 邀请方电话及传真号码

Disclaimer: This translation is provided solely as a courtesy, in all cases the English version shall be decisive regarding any interpretation of the text.
本译文仅供参考，所有对本文件的解释以英文版为准

Surname, first name, address, telephone, telefax, and e-mail address of contact person in company / organisation
邀请公司/机构的联系人姓名、地址、电话、传真及电子邮件

*33. Cost of traveling and living during the applicant's stay is covered
旅费以及在国外停留期间的生活费用

☐ by the applicant himself/herself / 由申请人支付

Means of support / 支付方式

☐ Cash / 现金

☐ Traveller's cheques / 旅行支票

☐ Credit card / 信用卡

☐ Prepaid accommodation / 预缴住宿

☐ Prepaid transport / 预缴交通

☐ Other (please specify) / 其它(请注明)

☐ by a sponsor (host, company, organisation), please Specify / 由赞助人（邀请人、公司或机构）支付，请注明

　☐ referred to in field 31 or 32 / 参照字段 31 及 32

　☐ other (please specify) / 其它 (请注明)

Means of support / 支付方式

☐ Cash / 现金

☐ Accommodation provided / 提供住宿

☐ All expenses covered during the stay / 支付旅程期间所有开支

☐ Prepaid transport / 预缴交通

☐ Other (please specify) / 其它(请注明)

34. Personal data of the family member who is an EU, EEA or CH citizen
家庭成员为欧盟、欧洲经济区或瑞士公民，请填写其个人信息

Surname 姓		First name(s) 名	
Date of birth / 出生日期	Nationality / 国籍		Number of travel document or ID card 旅行证件或身分证编号

35. Family relationship with an EU, EEA or CH citizen 申请人与欧盟、欧洲经济区或瑞士公民的关系

☐ spouse 配偶　　☐ child .... 子女　　☐ grandchild 孙儿女　　☐ dependent ascendant 受养人

36. Place and date / 地区 及 日期

37. Signature (for minors, signature of parental authority/legal guardian)
签字（未成年人由其监护人代签）

I am aware that the visa fee is not refunded if the visa is refused / 本人知道即使签证被拒也不能退还签证费

Applicable in case a multiple-entry visa is applied for (cf. field No24): / 适用于申请多次入境签证 (参照字段 24)
I am aware of the need to have an adequate travel medical insurance for my first stay and any subsequent visits to the territory of Member Status.
本人知道须预备有足够保额的旅游医疗保险作为首次及其后各次出发到申根国家领域之用

Disclaimer: This translation is provided solely as a courtesy, in all cases the English version shall be decisive regarding any interpretation of the text.
本译文仅供参考，所有对本文件的解释以英文版为准

I am aware of and consent to the following: the collection of the data required by this application form and the taking of my photograph and, if applicable, the taking of fingerprints, are mandatory for the examination of the visa application; and any personal data concerning me which appear on the visa application form, as well as my fingerprints and my photograph will be supplied to the relevant authorities of the Member States and processed by those authorities, for the purposes of a decision on my visa application.

Such data as well as data concerning the decision taken on my application or a decision whether to annul, revoke or extend a visa issued will be entered into, and stored in the Visa Information System (VIS) ([1]) for a maximum period of five years, during which it will be accessible to the visa authorities and the authorities competent for carrying out checks on visas at external borders and within the Member States, immigration and asylum authorities in the Member States for the purposes of verifying whether the conditions for the legal entry into, stay and residence on the territory of the Member States are fulfilled, of identifying persons who do not or who no longer fulfill these conditions, of examining an asylum application and of determining responsibility for such examination. Under certain conditions the data will be also available to designated authorities of the Member States and to Europol for the purpose of the prevention, detection and investigation of terrorist offences and of other serious criminal offences. The authority of the Member State responsible for processing the data is: The Norwegian Directorate of Immigration, P.O. Box 8108 Dep, N-0032 Oslo, Norway, www.udi.no

I am aware that I have the right to obtain in any of the Member States notification of the data relating to me recorded in the VIS and of the Member State which transmitted the data, and to request that data relating to me which are inaccurate be corrected and that data relating to me processing unlawfully be deleted. At my express request, the authority examining my application will inform me of the manner in which I may exercise my right to check the personal data concerning me and have them corrected or deleted, including the related remedies according to the national law of the State concerned. The national supervisory authority of that Member State (The Data Inspectorate, P.O. Box 8177, Dep, N-0034 Oslo, Norway, www.datatilsynet.no) will hear claims concerning the protection of personal data.

I declare that to the best of my knowledge all particulars supplied by me are corrected and completed. I am aware that any false statements will lead to my application being rejected or to the annulment of a visa already granted and may also render me liable to prosecution under the law of the Member State which deals with the application.

I undertake to leave the territory of the Member States before the expiry of the visa, if granted. I have been informed that possession of a visa is only one of the prerequisites for entry into the European territory of the Member States. The mere fact that a visa has been granted to me does not mean that I will be entitled to compensation if I fail to comply with the relevant provisions of Article 5(1) of Regulation (EC) No 562/2006 (Schengen Borders Code) and I am therefore refused entry. The prerequisites for entry will be checked again on entry into the European territory of the Member States.

本人知悉并同意以下条款：该申请表中所有关于本人的个人信息、照片或采集的指纹样本均为审核本人的签证所需。本人在该申请表中所填写的所有个人信息、指纹样本和照片均可提供给申根国家的相关主管部门，以便受理本人的签证申请并对申请作出决定。

该信息以及签证结果甚或签证注销、撤消及延期的决定将一并收录到签证信息系统(1)（VIS 系统）并最长保存五年，在此期间，所有申根成员国的相关签证部门、边境及境内的签证检查部门以及移民局和难民局均有权登入 VIS 系统，核查签证申请人是否已满足入申根国境并在境内逗留的相应前提条件；核实不满足或不再满足该前提条件的签证申请人；审核难民申请并确定出该申请的主管部门。必要时，各申根成员国的特定部门以及欧盟刑警组织均有权参考该信息，用于预防、侦察和调查恐怖活动及其它严重犯罪行为。负责相关签证程序的部门是挪威移民局，P.O. Box 8108 Dep, N-0032 Oslo, Norway, www.udi.no 。

本人知悉本人有权要求任何一个申根成员国告知 VIS 系统中都收录了本人哪些个人信息，是由哪个申根成员国收录进去的。除此之外，本人亦有权申请更正系统中收录的错误信息并删除不合法信息。审核本人签证申请的领事机构会应本人要求提供相关说明性信息，如签证申请人应如何行使审核个人信息的权力，依据相关申根成员国的法律规定要求更正甚或删除不正确的个人信息的权力以及如何行使向相关申根成员国的主管部门(信息监管部 P.O. Box 8177, Dep, N-0034 Oslo, Norway, www.datatilsynet.no)就个人信息保护事宜依法申诉的权力。

本人确保以上信息均系本人如实提供，确保信息正确而完整。本人知悉提供虚假信息可导致本人签证申请被拒签或已得到的签证被注销甚或受理本人签证的申根国会因此而对本人追究刑事责任。

如本人的签证申请被批准，本人有义务在在签证到期前离开申根国境。本人亦获悉得到签证仅是具备了进入申根国境的前提条件之一，如果本人因未满足编号为 EC562/2006 的欧洲共同体协定中第 5 条第 1 款中所述前提条件而被拒绝入境，本人不得要求赔偿。在进入申根成员国的领土时，入境条件将被再次审核。

Place and date / 地区 及 日期	Signature (for minors, signature of parental authority/legal guardian) 签字（未成年人由其监护人代签）

([1]) In so far as the VIS is operational

Disclaimer: This translation is provided solely as a courtesy, in all cases the English version shall be decisive regarding any interpretation of the text.
本译文仅供参考，所有对本文件的解释以英文版为准

速报！10大人气好玩旅游热地！

NO.1 奥斯陆歌剧院

奥斯陆歌剧院位于奥斯陆中央车站和证券交易所不远处，临近奥斯陆峡湾，像一艘扬帆出海的船壮观无比，是挪威国内最大的文化建筑之一。作为文化中心，奥斯陆歌剧院的美丽和权威显现得分外鲜明，音乐更是魅力四射，参观过奥斯陆歌剧院才等于真正游览过挪威。

NO.2 奥斯陆王宫

奥斯陆王宫是挪威皇室的居住地，也是挪威最著名的标志性建筑之一，挪威历史的见证者。奥斯陆王宫建于19世纪上半叶，王宫内部装饰豪华，有173间房间。主楼外还有皇家花园和皇室广场，花园里绿树成荫，曲径通幽，皇室广场是挪威最大的庆典广场。

NO.3 趣伏里公园

趣伏里公园是丹麦哥本哈根著名的游乐园和休闲公园，也是世界上历史最悠久的游乐园之一。经过上百年的不断建设，如今已经成为北欧最著名的游乐园。公园里有各种娱乐设施——露天剧场、剧园、电影院、音乐厅以及北欧最大的动物园和水族馆。院内还有一座中国式的阁楼建筑。夏季的每个周六晚上还有焰火表演。

NO.4 克里斯蒂安堡宫

克里斯蒂安堡宫是18世纪时丹麦克里斯蒂安六世国王为了享乐,将旧王宫打造成的一座显赫华丽、豪华精美的新宫,具有欧洲十八世纪洛可可式的建筑风格。自1849年起,克里斯蒂安堡宫开始作为国会场所。现在的克里斯蒂安堡宫是丹麦议会所在地,因此也称为议会大厦。

NO.5 斯德哥尔摩市政厅

斯德哥尔摩市政厅位于瑞典首都斯德哥尔摩市中心的梅拉伦湖畔,傍水而建,宏伟壮观的市政厅犹如一艘大船缓缓开来,是斯德哥尔摩的地标性建筑。市政厅由800万块红砖砌成的外墙,表现出北欧传统古典建筑金碧辉煌、古色古香的诗情画意。

NO.6 哥德堡艺术博物馆

瑞典的哥德堡艺术博物馆内的藏品堪称北欧最优秀的藏品之一,馆内有15世纪至今的各种展品集合,既有北欧的资料,也集合了旧荷兰和法国的艺术,其中包括伦勃朗、梵高、莫奈和毕加索的作品。波塞冬雕像是门前的地标性建筑,它右手紧握一条大鱼,左手托着一个大贝壳,英式不凡。每年的12月初都会在这里举行圣诞点灯仪式,非常热闹。

畅游北欧 推荐

NO.7 岩石大教堂

芬兰赫尔辛基市中心的岩石大教堂又名坦佩利奥基奥教堂。岩石大教堂完成于1969年，其卓越的设计极为新颖巧妙，是斯欧马拉聂兄弟的精心杰作。它是世界上唯一一座建立在岩石中的教堂，教堂共两层，可容纳近1000人，整体看起来像着陆的飞碟一样，独具趣味，是来赫尔辛基必去的一个景点。

NO.9 哈尔格林姆斯教堂

哈尔格林姆斯教堂是冰岛最大的教堂，同时也以74.5米的高度成为冰岛第六高的建筑，是雷克雅未克标志性建筑。教堂以冰岛著名的牧师及诗人Hallgrímur Pétursson的名字命名。通过教堂内部的电梯可以到达顶部的观景台，在这里可以欣赏整个雷克雅未克被群山环绕的美景。

NO.8 蓝湖

蓝湖也称蓝泻湖，是冰岛一处著名的地热温泉。蓝湖位于冰岛西南部雷克雅尼斯半岛的格林达维克，蓝湖不仅是世界最大的温泉湖，更是远近闻名的休闲胜地。该湖由部分火山熔岩形成，水温约37°C~39°C，湖水富含硅、硫等矿物质。在蓝湖泡温泉，可以帮助治疗一些皮肤疾病，如牛皮癣等。

NO.10 芬兰堡

芬兰堡建于250多年前，是奥克斯丁设计的杰作，建在赫尔辛基海外的一串小岛外，是现存世界上最大的海上要塞，也是芬兰著名的景点。芬兰堡中还有教堂、军营、城门等名胜古迹，因其悠远的历史成为了不可多得的历史遗迹。

速报！10大无料主题迷人之选！

NO.1 松恩峡湾

松恩峡湾是挪威最大的峡湾，也是世界上最长、最深的峡湾，全长达240公里，最深处达1308米。松恩是峡湾主干，附近还有许多的小峡湾，其中最著名的纳勒尔峡湾是世界上最狭窄的峡湾，最窄处仅250米。大峡湾将其沿途塑造成光裸而荒无人烟的景象，沿途两侧的大部分山脉赫然耸立于水面之上，似乎终日处于黄昏暮光中。

NO.2 哈当厄尔峡湾

哈当厄尔峡湾位于挪威西部中心地区的霍达兰郡，全长179公里，最深处达800米，是挪威国内第二长、世界第三长的峡湾。峡湾周边瀑布众多，特别是在冰雪融化之时可观看急流直下的壮观景象。弗格丰纳冰河夏季滑雪中心是挪威面积第三大的夏季滑雪中心，有滑雪、船型雪撬、越野滑雪等项目。

NO.3 维格兰雕塑公园

维格兰雕塑公园是一个以人体雕塑为主的主题公园，公园内雕像比比皆是，有近200座，但是多而不乱，错落有致，都是挪威著名雕塑大师维格兰及弟子们20多年心血的结晶。公园里的雕塑集中突出"生与死"的主题，从婴儿出世开始，经过童年、少年、青年、壮年、老年，直到死亡，反映人生的全过程，发人深思，在众多雕塑中最为著名的当属《愤怒的男孩》。

畅游北欧 推荐

NO.4 布吕根码头

布吕根有欧洲最大、最集中的木屋群，历史悠久，曾经辉煌一时，在十四世纪是德国商人采购转运鳕鱼的主要集散地，见证了卑尔根城市的荣辱沧桑。作为古老码头建筑的遗存，它们是挪威国内最著名的中世纪时期城市居民区遗址，揭示了汉萨商人真实的一生，此处建筑群被联合国教科文组织列入世界遗产名录。

NO.5 美人鱼铜像

美人鱼铜像位于丹麦哥本哈根市中心东北部的长堤海滨，它是哥本哈根的代表，也是丹麦的代表，于1913年雕琢而成，至今已有100多年的历史。这尊举世闻名的铜雕像高约1.5米，基石直径约1.8米，是丹麦雕刻家爱德华·艾瑞克（Edvard Eriksen）根据安徒生童话《海的女儿》铸塑的。每个来到哥本哈根的游客，都要来到这里温习那个美丽悲伤的爱情故事。

NO.6 新港

哥本哈根新港是一条人工运河，建于1669-1673年，运河两岸一直是世界海员所流连光顾的各种酒吧、餐馆。其中还有不少经典之所以及名人遗迹，包括童话大师安徒生的故居。新港9号的主人，是新港河道建造者巴戎的第11代孙。它曾经以"世界旅行者的沙滩旅馆"而闻名，现在成为里欧纳·克里斯蒂纳饭店和伊斯弗约德航海公司所在地。

NO.7 国王新广场

国王新广场建于17世纪，是通往著名的strøget步行街的入口，也是哥本哈根最具代表性的城市广场。广场中央克里斯蒂安五世国王的骑马塑像是广场的标志，建于1688年，被称为"国王之马"。广场内坐落着巴洛克建筑风格的皇家剧院、皇家艺术学院等著名建筑。因此，在这座最古老广场的建筑物内，如今正培育着众多未来的舞蹈家、雕塑家和建筑师。

NO.8 乌普萨拉大学

乌普萨拉大学是瑞典一所国际著名的顶尖大学，也是北欧成立最早、名人辈出的地方，这所大学在500年漫长历史中经历了多次改革，发展成为了一所现代化的世界著名高等学府之一。这里环境优美，与城市建筑融为一体，学术氛围浓郁，多位诺贝尔奖获得者出自这里，有"瑞典的剑桥"之美誉。

NO.10 阿比斯库国家公园

阿比斯库国家公园建于1909年，来到这里必然要观赏北极光这一大奇景，每年5月27日至7月18日会有神奇壮观的午夜太阳景象。冬季的阿比斯库湖宛若雪国仙境，夜晚在湖面上仰望北极光，仿佛置身于童话世界一般。公园内设有多条徒步和攀登线路，游客途中可将公园里的美景尽收眼底，园内的小径也是游客夏季散步、冬季进行越野式滑雪的好去处。这里还可以看到大大小小的火山坑口，因为不同的矿物成分而呈现出不同的色彩，有乳白、鲜黄、大红等好几种颜色，就好像一个五颜六色的调色盘。

NO.9 露天市集广场

芬兰的赫尔辛基露天市场承载着这个美丽的城市悠久的历史。位于最繁华的埃斯普拉纳蒂大道底端的赫尔辛基最大的露天市场，丝毫没有杂乱与匆忙，一个个小摊位贩卖着花草、家常食物、日用品、手工艺品等，充满了芬兰风情。在市集广场的尽头，便是风景秀丽的南边码头，北欧著名的诗丽雅号及维京号游轮便停泊于此。

速报！10大人气魅力平民餐馆！

1 餐馆 Stortorvets Gjaestgiveri

Stortorvets Gjaestgiveri已经经营了200多年，是挪威最具代表性的餐馆之一。店内装潢和设施全都散发着浓郁的古典气息，古老的建筑和家具一起营造出了经典的怀旧氛围。这家店提供的菜式是挪威极具代表性的本土菜，因此深受外国客人的喜爱。此外，在餐厅三层的墙壁上还装饰有展示奥斯陆历史的绘画作品，用餐环境赏心悦目，令人十分愉快。

畅游北欧 : 推荐

2 餐馆 Buffet

奥斯陆的Buffet餐厅每个细节都足以让人感受到其艺术氛围。质朴的木头镜框，格子窗帘，带着纯皮毛的沙发，充满北欧范儿！这里的用餐环境安静舒适，处处浪漫精致，不远处就是挪威森林。三文鱼是这里的主餐，巧克力、奶酪等各种自助茶点也十分美味可口。

3 **Det Gule Hus Cafe & Dining Room**
餐馆

  Det Gule Hus Cafe & Dining Room是哥本哈根一家知名的餐厅，鹅黄色的外观看上去就如一块大蛋糕似的。店内的设置有点像西班牙的中庭角落，带有浓郁的异国风情。餐厅的菜式除了有普通的早餐和午餐外，还提供"日餐"和"夜餐"两种菜单，来自亚洲、法国、西班牙等各国的菜肴混合搭配，很有特点。

4 **Noma**
餐馆

  Noma是丹麦哥本哈根的一家米其林二星餐厅，由René Redzepi开设。酒店的名字来自于丹麦语中的"nordisk"（北欧的）与"mad"（食物），因其对北欧餐饮的再造与阐释而闻名于世。Noma餐厅位于哥本哈根的克里斯蒂安港滨水区的旧仓库，该餐厅更多的是代表对北欧食品的阐释而不是纯粹的北欧经典食物，创造出的别具特色的"新北欧"菜肴，吸引了无数游客前来品尝。

5 Cafe Petersborg
餐馆

Cafe Petersborg是丹麦哥本哈根最古老的饭店，早在1746年就已经开始营业了。饭店充满了丹麦的传统风貌，店内为木制装潢，深蓝色的桌布搭配着蓝白花的瓷器，十分淡雅。此外，这家饭店以提供丹麦传统的家庭料理为主，每周7天都有不同的菜肴，不管什么时间来用餐都让人有新鲜感。

6 Mathias Dahlgren
餐馆

Mathias Dahlgren是斯德哥尔摩最具代表性的餐厅之一，坐落在大名鼎鼎的Grand Hotel内，是古老与现代的完美结合。餐厅里提供的菜肴都是北欧最具代表性的料理，如鳕鱼、温泉鸡蛋等，此外餐厅的招牌菜Beef Dahlgren——黑松露汁配上肥嫩的牛排，味道娇嫩可口。

畅游北欧 推荐

037

7 红姑妈咖啡屋
餐馆

　　红姑妈咖啡屋是瑞典古镇西格图娜三家名字中带有"姑妈"的建筑之一。咖啡屋的外观为红色,但并不是为了契合店名故意刷成这样的,而是将一种从当地植物中提炼出来的粉末涂在木材外面的效果,可以保护木头不被蛀蚀。店门口有一位慈祥的老太太塑像,这就是当地传统故事中的"姑妈"。店里布置典雅传统,充满了怀旧氛围。

8 蓝姑妈餐厅
餐馆

　　蓝姑妈餐厅是瑞典古镇西格图娜人最喜欢的餐厅,位于市政厅旁,和红姑妈咖啡屋是同一位老板所开。餐厅以蓝色为主色调,连外面的遮阳伞和棚子也全都是蓝色,给人一种柔和沉静的感觉。餐厅里提供的全都是当地常见的家常料理,如各种鱼类的美食、沙拉等。在这一片蓝色的环境里用餐,心情也更加舒畅愉快了。

9 餐馆 Wallers Krog

　　Wallers Krog开业于1994年，至今依然以瑞典高特岛最具特色的马铃薯与羊肉料理闻名，充满了浓郁的乡土气味。这家店的另一大特色是随着季节的变化而推出不同的菜单，一年四季都有不同的特色菜肴，如夏天就是以羊肉和马铃薯派为主。此外，点餐时还可以向服务员要求搭配不同的饮品。如果有机会到高特岛旅游，一定不能忘了来这家店饱餐一顿。

畅游北欧 推荐

10 餐馆 Bhoda

　　Bhoda餐厅使用斯堪的纳维亚出产的新鲜食材，创造出具有国际风情的独特菜品，曾获瑞典餐厅的"明日新星""最佳酒吧"大奖。在店里，所有的菜品都是统一价格，方便您选择最中意的菜肴。店里的大厨每周都会设计一份新的四道菜套餐，是哥德堡口碑最好的餐厅之一。

购物！买平货10大潮流地！

1 买平货 卡尔·约翰斯大道（Karl Johans Gate）

卡尔·约翰斯大道位于中央火车站旁，是挪威奥斯陆最主要的商业街，也是奥斯陆最繁华的街道之一。各种店铺林立两旁，有纪念品商店、著名品牌商店、咖啡厅及餐馆等。从中央车站到王宫或港口一带几乎是必经之路，还能路过议会大厦到达歌剧院和市政厅，不容错过。

2 买平货 Bogstadveien

Bogstadveien大街被奥斯陆游客视为最好的购物街。这里有时尚男女服装、个体书店、音像店、眼镜店等，比卡尔·约翰斯大道要好上许多。但奥斯陆几乎是全世界物价最为昂贵的城市，价格令人瞠目。

3 YME
买平货

YME是一家位于挪威奥斯陆市中心的时尚概念店，门面看起来相对比较简单，但是走进店铺你会发现别有洞天。YME一共有3层，这里集合了香水、书籍、鞋子、包包、衣服、艺术品等时尚用品。另外店内还有一个咖啡馆，这个咖啡馆也极具艺术性，各种有关时尚、设计的东西会摆在这里，顾客可以一边喝咖啡一边欣赏，还有好吃的点心可以品尝。

4 阿凯尔布里格（Aker Brygge）
买平货

阿凯尔布里格位于挪威奥斯陆，前身是港湾的仓库，经二次开发，改建成摩登购物中心。这片商区有各种店铺、咖啡屋、酒吧、餐馆，还有剧场和电影院，非常具有现代感，楼层虽然不高，但长长地蔓延在港口边上。从市政厅和诺贝尔和平中心再沿着海港向前走，右手边就可以看到，是奥斯陆市民休闲的好去处。

畅游北欧 推荐

5 Magasinet
买平货

Magasinet是位于挪威奥斯陆的高档百货公司，也是当今历史最悠久的百货公司之一，最早可以追溯到19世纪60年代，虽然Magasinet位于一座历史悠久的建筑内，但是它的发展并没有停滞不前，反而紧跟时代潮流。这里汇集了所有可以代表挪威特色的时尚流行服饰、健康食品以及礼品装饰品等，来到奥斯陆可别错过。

6 NK百货(Nordiska Kompaniet) 买平货

NK是瑞典最著名也最古老的综合性百货商店,成立于1913年,已有一百余年的历史,是一座可与伦敦哈罗德媲美的百货公司。在NK百货内,所卖的商品以中高档商品为主,商品几乎无所不包,从鞋类、运动装备、男女服饰,到玻璃陶瓷器皿、珠宝、香水等应有尽有。此外,在NK百货商场的地下室里还可以找到最精致的纪念品。

7 哥本哈根机场免税店 买平货

哥本哈根机场(Copenhagen Airport)是世界主要的机场,丹麦最大的航空港,连续四年获得欧洲"最佳机场"的称号。机场的免税店相当繁华,在国际候机室的通道两旁都是销售世界名牌的免税店,店里的商品品种繁多,价廉物美,世界著名护肤品牌雅诗兰黛、欧莱雅等,以及当地名牌ECCO鞋子、银制品、家饰等应有尽有,深受游客喜爱。

8 买平货 Strøget

丹麦哥本哈根市的市政厅广场至国王新广场之间的街道，就是被称为北欧最大的"步行者天堂"的Strøget步行街，也是哥本哈根首屈一指的商业街。这里汇聚了丹麦最具代表性的商品，无论是皇家御用的哥本哈根瓷器，还是简洁实用的本地品牌ECCO—"爱步"鞋，以及来自全世界各地的国际品牌，在这条街上应有尽有。

9 买平货 皇后大街

斯德哥尔摩皇后大街是瑞典一个非常著名的购物街，斯德哥尔摩的大多数商店和购物商场都位于这里。走进皇后大街，您会看到一片繁华的景象，购物商场的商品琳琅满目，这些商品不仅种类繁多，而且做工精致细腻。在这里，您可以买一些纪念品赠予亲朋好友，而且保证会买到物美价廉的商品，体验到购物的快乐。

10 买平货 Stockmann

Stockmann是北欧最富盛名的连锁百货品牌，在芬兰的各大城市中心都会找到它的身影，或者说，它所在的地方，就是这个城市的商业中心。位于芬兰最长街道曼纳海姆大街上的Stockmann百货赫尔辛基中心店，是北欧各国中第一大的百货公司，是赫尔辛基理想的购物中心，这里品类繁多，物美价廉，小到巧克力大到家电、奢侈品，应有尽有。

带回家！特色伴手好礼！

1 纪念品 玻璃器皿

挪威有很多美丽的玻璃器皿售卖，花纹精致美丽，颜色璀璨典雅，比起著名的英国银器来也毫不逊色。辗转于众多玻璃器皿之间，宛若置身于童话世界中，其设计中所蕴含的北欧风情也异常浓厚，无论是买作私人留念，还是馈赠亲朋，都是不错的选择。

2 纪念品 玫瑰漆画

玫瑰漆画是挪威一种独特的装饰油漆技术，主要的图案是形状各异、大小不一的玫瑰花。玫瑰漆画过去在乡下和农场居民中十分流行，现在被视为挪威的经典民间艺术。

3 纪念品 挪威小怪物

挪威森林的神话人物"TROLL"，俗称挪威山妖。山妖蓬头散发，手指和脚趾都只有8个，貌似凶恶，其实心地善良。传说谁要是得罪了山妖，势必受到报复或戏弄，反之有好报。挪威每个家庭都摆放"山妖"用来驱邪赈灾，游客也可以带回一个摆放家中。

4 木雕工艺品 （纪念品）

挪威人向来崇尚自然的力量，所以他们喜欢木制的物品，他们还用木头搭建最神圣的教堂，由此可见他们对木头的情感。正因为这样，到挪威一定要购买挪威人的木雕艺术品，从北欧带回家的神秘力量可能真的会使你心想事成喔。

5 曲奇饼 （纪念品）

丹麦的曲奇饼历史悠久，充满了独特的地域风情。曲奇饼种类丰富，包装精美，透着古典和雅致，即美观又保鲜。丹麦的曲奇每年都源源不断地销往世界上120多个国家和地区。如今，丹麦曲奇似乎已经成了全世界美味可口的小饼干的代名词。

6 嘉士伯啤酒 （纪念品）

总部位于丹麦哥本哈根的嘉士伯啤酒风靡世界，质量达到了"炉火纯青"的地步，质地透明，口味纯正。嘉士伯啤酒畅销130个国家和地区，在40个国家有生产企业和子公司。规模之大使嘉士伯每小时可生产75万瓶啤酒，全世界每年有1500万人饮用它的产品。

7 花果茶 纪念品

丹麦的花果茶是由水果搭配花卉精制而成，据说已有数百年历史，丹麦人对花果茶的喜爱超越了欧洲人对咖啡的喜爱。丹麦花果茶功效极多，不仅美容养颜，而且有多种养生保健的功效，带给亲朋好友也是不错的选择。

8 木马 纪念品

达拉木马是瑞典的象征，其起源于一段温馨的爱子故事。公元17世纪前后，在瑞典中部的达拉纳地区，人们大多以伐木为生，工人们一旦进入原始森林，常常是十天半个月，最多甚至要待半年时间。伐木工人思念孩子，就有人想到用木头刻一些小玩具，回家时可作为给孩子的礼物。在那个时期，马是伐木工及其家人最亲密的伙伴，所以成为伐木工制作玩具最好的模特。

9 蜡烛 纪念品

蜡烛是瑞典的一大特产，其创作灵感完全取材于受大自然启发的北欧设计，近年来逐渐引起各国游人的兴趣，并掀起了斯堪的那维亚风潮。瑞典蜡烛具有创意的线条设计，勾勒出简洁、温馨、自然以及令人愉悦的色彩，吸引着世界各地游客的眼球。

10 萨米族娃娃 纪念品

萨米族是生活在北极圈的欧洲土著，其生活习惯、民族文化都和欧洲其他民族迥异，深蓝捆红彩花边的传统衣饰是他们的标志，因而萨米族的玩偶即是如此模样。萨米族娃娃是芬兰土产卡通，现今大受世界各地儿童欢迎，以它为造型的玩具精品已成大小朋友必买项目。

超IN！6天5夜计划书！

☀ DAY 1

白天 丹麦克里斯蒂安堡－小美人鱼铜像－阿玛莲堡王宫－洛森堡宫

建于18世纪的克里斯蒂安堡宫地处哥本哈根市中心，建筑外观雄伟，内部装饰奢华，现今是丹麦国会所在地。已成为丹麦国家标志的小美人鱼是安徒生童话《海的女儿》中的主角，小美人鱼像神情恬静娴雅，深受世界各国游人喜爱。阿玛莲堡王宫是丹麦现任女王玛格丽特二世居住的宫殿，又被称为"女王城堡"，游人可参观装饰奢华的宫室和丹麦王室珍藏的各种宝物。洛森堡宫建于17世纪初，规模宏大，装饰奢华，令无数参观的游人赞叹不已。

畅游北欧 推荐

🌙 NIGHT 1

黄昏－晚间 趣伏里公园

建于1843年的趣伏里公园是哥本哈根最著名的游乐园和休闲公园，除了各种游乐设施外，每个周末夜晚公园内都会举行盛大的烟火表演，五彩缤纷的烟火将天空渲染出各种美丽的色彩。

DAY 2

白天 挪威奥斯陆大教堂-国会大厦-蒙克博物馆-挪威王宫

建于17世纪的奥斯陆大教堂是挪威国教福音路德派的主教座堂，前后共历时百年才修建完工。建于1866年的挪威国会大厦外观古典雅致，内部装饰华丽。作为挪威历史上最负盛名的艺术家，蒙克对欧洲艺术起到了重要影响，在蒙克博物馆内可欣赏蒙克的数百幅作品，其中包括著名的《呐喊》。挪威王宫建于1848年，王宫前立有建造者卡尔十四世的骑马铜像，王宫环境雅致，四周被绿色的林地和公园包围。

NIGHT 2

黄昏-晚间 卡尔·约翰斯大道

卡尔·约翰斯大道位于中央火车站旁，西邻奥斯陆大学，东接奥斯陆火车站，顶端是挪威皇宫和国家剧院，全长1.5公里，是奥斯陆最主要的商业街，也是奥斯陆最繁华的街道。两旁店铺林立，有纪念品商店、各种著名品牌商店、咖啡厅及餐馆。

白天　挪威松恩峡湾-夫拉姆铁路-鲑鱼中心

全长达240公里的松恩峡湾不但是挪威最大的峡湾，也是世界上第二长的峡湾，乘船欣赏峡湾的壮美风光是挪威观光中最不能错过的精华部分。往返于米达尔和夫拉姆之间的夫拉姆铁路全长20公里，起点米达尔海拔886米，而终点夫拉姆海拔仅2米，被誉为世界上最陡峭的铁路。挪威的鲑鱼享誉盛名，挪威人也一直致力于向世人介绍鲑鱼，在鲑鱼中心可通过各种图片、文字资料了解鲑鱼的生态和习性。

畅游北欧　推荐

☀ DAY 4

白天 瑞典斯德哥尔摩市政厅-瑞典王宫-斯德哥尔摩大教堂-诺贝尔博物馆

建于1911年的斯德哥尔摩市政厅气势宏伟,市政厅内的宴会大厅又被称为"蓝厅",是每年12月10日颁发诺贝尔奖的场地,见证了无数荣耀时刻。瑞典王宫建于17世纪,是瑞典国王办公和举行庆典的地方,游人可入内参观王室寓所、古斯塔夫三世的珍藏博物馆、珍宝馆、三王冠博物馆、王家军械库等部分。斯德哥尔摩大教堂又被称为圣尼古拉大教堂,是斯德哥尔摩旧城区历史最悠久的建筑之一,其哥特风格的尖塔十分醒目。诺贝尔博物馆的前身是斯德哥尔摩证券交易所,博物馆内通过大量图片、文字、实物资料向游人介绍诺贝尔及诺贝尔奖的相关历史。

☾ NIGHT 4

黄昏-晚间 ABSOLUT冰酒吧

ABSOLUT冰酒吧是斯德哥尔摩最有名的酒吧之一,整座酒吧由来自Torne River的大块冰块砌成,常年维持在5℃的室温,令人一进去就觉得寒气逼人。游人可亲身感受穿着防寒装备畅饮ABSOLUT伏特加或各种鸡尾酒的独特泡吧经历。

白天　芬兰乌斯本斯基大教堂-芬兰国会大厦-岩石大教堂-芬兰防御城堡

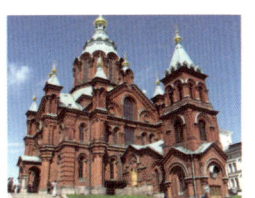

建于1868年的乌斯本斯基大教堂是北欧地区规模最大的东正教教堂，外观为浓郁莫斯科风格，教堂内有精美的壁画。芬兰国会大厦建于1920年，红花岗岩砌成的建筑外观气势恢弘，大厦前立有芬兰历任总统的塑像。将巨大岩石掏空后修建的岩石大教堂又名坦佩利奥基奥教堂，是世界上唯一建在岩石中的教堂。地处赫尔辛基港口的芬兰防御城堡是一座固若金汤的要塞，城堡内曾经居住着的居民比赫尔辛基人口还多，现今被改造成各种主题的博物馆供游人参观。

NIGHT 5

黄昏-晚间　

沿着Aleksanterinkatu购物街，来到繁华热闹的Pohjoisesplanadi购物街，这里是赫尔辛基最主要的购物街，尤其在夜幕降临后更是灯火辉煌，游人可在这里购买各种芬兰特产和手工艺品。

DAY 6

白天　芬兰拉普凡-罗瓦涅米北极圈博物馆-圣诞老人村

位于Ounasjoki河畔的拉普凡-罗瓦涅米北极圈博物馆，由极圈科学中心和拉普兰省立博物馆两部分组成，游人可通过各种展览深入了解神秘的北极圈。地处北极圈内的圣诞老人村充满童话色彩，游人不仅可以与生活在这里的圣诞老人合影，还可以选择在明信片盖上圣诞邮戳寄回自己家中。

NIGHT 6

黄昏-晚间　起程踏上归途

畅游北欧　推荐

GO!挪威!

1 印象

概况

挪威一词是从Nolreweg转化而来，意思是"通往北方之路""北方航道"，自古以来就是北海地区重要的航海和商业大国。在维京海盗横行的时代，挪威也是悍勇无比的维京人主要活动的国家之一，至今依然留下了很多遗迹。除了有深厚的历史，挪威也是一个自然风光十分优美的国家，其中最值得称道的就是峡湾风光，蜿蜒曲折的海岸线加上古代冰川的侵蚀作用，构筑了让人震撼的峡湾美景。除此之外，北极圈内的极光、优雅的教堂建筑、美味的北欧美食都是吸引人们争相前往的主要原因。

地理

挪威位于斯堪的纳维亚半岛西部，东与瑞典接壤，东北与芬兰相邻，西侧全都是蜿蜒曲折的峡湾，国土总面积为38.5万平方公里。斯堪的纳维亚山脉贯通了整片国土，高原、山地、冰川等占据了国土面积的三分之二。此外，北极圈横穿挪威北部，因此北部一些城市会

有极昼现象，还能看到美丽无比的北极光。

气候

挪威本土属亚寒带针叶林气候，年平均气温7℃，年降水量740毫米左右。每年5—9月是前往挪威旅游的最好季节，这个时候气温不高，湿度较低，日照时间很长，让人感觉神清气爽，欣赏各种自然风光最合适不过了。而到了2、3月份则是滑雪的最好季节。

区划

挪威全国共分1市、18个郡，分别是奥斯陆、阿克什胡斯、东福尔、海德马克、奥普兰、布斯克吕、西福尔、泰勒马克、东阿格德尔、西阿格德尔、罗加兰、霍达兰、松恩-菲尤拉讷、默勒-鲁姆斯达尔、南特伦德拉格、北特伦德拉格、诺尔兰、特罗姆斯、芬马克，下辖433个自治市。

人口

目前挪威国内有人口约520万。

❷ 交通

挪威火车

挪威国铁（NSB）拥有四通八达的铁路网，从南部的克里斯蒂安桑一直延伸到北极圈以北的博得。铁路线贯穿挪威全境，总长超过3000公里，沿线共有775座隧道和3000余座铁路桥。多条线路途经景致多变的乡村，您可以欣赏到城郊、群山、湖泊和峡湾的全景。

最为著名的当数位于"挪威屋脊"——哈当厄高原（Hardangervidda）上的卑尔根铁路，连接奥斯陆(Oslo)和卑尔根(Bergen)。其它风景独特的铁路线有奥斯陆通往特隆赫姆的多夫勒铁路（Dovrebanen），及其支线——杜姆奥斯通往峡湾旁高原小镇翁达尔斯内斯的饶玛铁路（Raumabanen）。如果您想乘火车欣赏不同的风景、体验炫目的阳光或观看午夜太阳和北极光，那就沿着连接特隆赫姆(Trondheim)和博得的北方铁路线一路往北。

风景优美的铁路线：卑尔根铁路、弗洛姆铁路、多夫勒铁路、饶玛铁路、北方铁路。

组合之旅是集合了火车、巴士和渡轮的往返游，经济实惠。组合之旅中最热门的当数全年开放的挪威缩影一日游，是涵盖了挪威峡湾、群山和峡谷等美景的精彩之旅。

一些地区的火车提供单程最低票价199挪威克朗，不论您的旅途长短，只要还有最低折扣的座位就能享受最低票价，但挪威国铁所经营的列车折扣票数量有限。最低价格的车票可以从网上和售票机处购得，并且必须至少提前一天购买。对于将在挪威全国旅行的游客来说，购买InterRail和Eurail卡是十分划算的。在挪威，本地列车或车站内均严禁吸烟。

挪威水路

在挪威西部举世闻名的峡湾地带，道路戛然而止，游客必须换乘游船才能继续观光游览。

快艇和汽车轮渡沿海岸航行，穿梭于隐蔽水域、外海和大小岛屿，往返于城镇和乡村。在岛屿度假或自由选择游览路线时，乘坐快艇或汽车轮渡出行最为便捷。请注意，夏天旺季乘快艇或汽车轮渡会排长队，建

海达路德

历史悠久的海达路德公司的游轮航行于卑尔根(Bergen)和芬马克郡(Finnmark)的希尔科内斯之间。卑尔根－希尔科内斯－卑尔根航线全程11天。这条航线是感受沿海自然美景的独特方式，可称之为"世界最美的海上航线"。真正吸引游客的是沿途经停的大大小小的村落。

该航线每日发船，沿途多次靠岸。游轮上可以停放车辆，游客可以上岸自驾游览各地风光。

内陆湖泊的游船之旅

不仅只有挪威沿海地区有游轮之旅。您可以在挪威最大的湖米约萨湖（Mjøsa）上乘世界最古老的Skibladner明轮蒸汽机船观光，也可以在尤通黑门山地区乘船游览延德湖的美景。

议您提早排队乘坐以下渡轮航线：盖朗厄尔—海勒叙尔特（Hellesylt）、居德旺恩（Gudvangen）—蔻庞格（Kaupanger）、娄维克（Lauvvik）—吕斯伯顿（Lysebotn）。

请联系以下公司获取游轮时刻表等更多信息：

Fjord1 Fylkesbaatane公司（挪威西部运营商）

Tide Sjo AS公司（挪威西部运营商）

Fjordline公司（挪威西部运营商）

Kolumbus公司（西挪威罗加兰郡的公共交通公司）

Rønde Fjordcruise峡湾游轮公司（在挪威峡湾的吕菲尔克和斯塔万格地区运营）

Senja Ferries轮渡公司（在挪威北部的特罗姆瑟和韦斯特龙地区运营）

Bjørklid Ferjerederi公司（在挪威北部灵恩地区运营）

Bastø Fosen公司（往返于莫斯和霍滕）

挪威航空

挪威全国共有50多座机场，即使前往挪威最北部地区，如罗弗敦，也可乘机抵达。挪威各大城镇都有机场服务于国际和国内航线。但是，您也得做好准备，需要换乘才能抵达您最终的目的地。

从中国到挪威没有直达航班，不过北欧航空（SAS）有从北京经由哥本哈根至奥斯陆的航线。您也可以选择芬兰航空公司经由赫尔辛基抵达挪威的航线。夏季，芬兰航空每天都有从北京、上海出发的航班，还有从香港起飞的航班。汉莎航空公司、法国航空公司和英国航空公司等其他欧洲航空公司也有从中国到挪威的非直达航线。中国国航也有经由瑞典斯德哥尔摩至挪威的航线。奥斯陆高德莫恩机场是挪威的航空枢纽，大多数国际航班在此起降。

挪威国内主要的国际机场：

卑尔根弗莱斯兰机场（Bergen Airport Flesland）

克里斯蒂安桑谢维克机场（Kristiansand Airport Kjevik）

莫斯吕格机场（Moss Airport Rygge）

桑德菲尔机场（Sandefjord Airport Torp）

斯塔万格苏拉机场（Stavanger Airport Sola）

特隆姆瑟机场（Tromsø Airport）

特隆赫姆瓦尔内斯机场（Trondheim Airport Værnes）

挪威租车

自驾车是以自己的节奏体验挪威风土人情的最佳方式之一。每座城市及大型的街区都有租车服务，挪威几乎所有的机场也都有各种车型出租。您可以通过租车公

小贴土

准备资料

您须持有一年以上居住国颁发的完整有效的驾驶执照。如果持有非欧共体/欧洲和中亚国家的驾照，租车公司可能要求您出示国际驾驶执照。

规定

租车者最低年龄是19岁，租车公司也可能视租用车型等情况将年龄限制提高至25岁。如果您的年龄小于25岁，多数汽车租赁公司会要求您支付低龄司机费，每天约100挪威克朗（各租车公司收费不同）。

租车费用

租用7天的费用大约为：小型车2800挪威克朗；中型车3000挪威克朗；大型车3700挪威克朗。租车公司也会提供额外设施，如儿童座椅、行李架等，费用另算。租车驾驶必须办理保险，务必核实保险费是否含在租车费用里，是否须另行购买。多数租赁公司仅接受信用卡或借记卡支付。

司的网站在线订车、亲自到租车点办理租车手续或通过旅行社预订车辆。我们强烈建议您提前预订，尤其是夏季旺季时段。

出租车

挪威各地都有出租车，司机通常说英语。您可以在街边招呼出租车，也可以从出租车排队列里选择一辆。

所有的出租车接受常用的信用卡支付，如VISA、美国运通卡、大莱卡、欧罗卡和Master Card。乘坐之前应告知司机用信用卡支付。

公共汽车

在大城市有公交车站和公共交通信息中心。您可以在游客信息中心咨询公共汽车的线路信息。

您可以在告知司机目的地后，在车上买票。在一些城镇还可使用期限为一天或一周的交通卡乘车，您可以向司机或从售货亭及公交车站购买交通卡。不过，乘车之前购票会有优惠，在奥斯陆即是如此。

快线和长途客车

巴士快线的作用在挪威被大大低估，这令人遗憾，因为巴士快线的运营网络远远大于现有路网，尤其在挪威西部和一些偏远地区。巴士快线将挪威国内所有大型城镇、机场和轮渡码头连接在一起。许多客运路线间都可以相互转乘，也和地区交通网络相互接驳。

乘坐大客车比乘火车、飞机的费用都便宜，但是时间更长。多数巴士公司提供学生、小孩、老人和家庭折扣。如果多人团队一同出行，请务必提前订票。通常允许携带自行车和雪橇乘坐大巴，但前提是有足够空间，并须支付额外费用。

Nor-Way Bussekspress公司是挪威最大的客运巴士公司，有40余条路线遍布挪威全境，并且和公交线路、火车站和码头等相接驳。

❸ 旅游住宿

渔民

挪威沿海地区，尤其是芬马克郡、特罗姆瑟、诺尔兰郡（Nordland）、特伦德拉格郡（Trøndelag）和墨勒-鲁姆斯达尔郡（Møre og Romsdal），随处可见渔民小屋。渔民小屋，当地人也称之为"rorbu"，原本是前往罗弗敦(Lofoten)渔场钓鱼的渔夫的临时居所，如今却深受挪威当地和国外度假者的欢迎。建议您提前预订，尤其是七八月份挪威旅游旺季时。双人间的渔民小屋每晚600挪威克朗起，大多数渔民小屋按租住的房间数收费，而不是按人数收费。睡衣和毛巾须额外付费。

> ### 垂钓
>
> 在渔民小屋度假，您可以体验独特的小渔村生活。这里垂钓的方式多种多样，既可以独自垂钓，也可以随渔船出海捕鱼。
>
> 多数渔民小屋是自助住宿形式，有一间起居室和厨房、带淋浴的浴室和至少一间卧室。许多小屋还有额外的隔离设施，可以全年提供住宿。
>
> 小屋房型和大小不尽相同，一些小屋古老陈旧，一些则整修一新。如果您有额外的预算，可以租一间现代化生活设施齐全，甚至带户外热水浴缸的"rorbu"。

酒店

在郊区可以住在旧式木制酒店里，在大城市可以选择一家现代化酒店。挪威的酒店类型多样、大小不一，市中心有现代化设计酒店，还有冰酒店、温泉酒店及由家庭经营的高山酒店。

挪威的大型连锁酒店 *小贴士*

精品国际饭店(Choice)
丽佳酒店(Rica)
Thon酒店
Rezidor拉迪森SAS酒店及度假村
Scandic 酒店
挪威会议酒店
Norlandia酒店&度假村
历史酒店&餐厅
第一酒店(First)
最佳西方酒店(Best Western)

挪威逐渐成为著名的"会议之都"。许多挪威的酒店都能承办各种会议,安排户外活动。挪威会议中心可提供更多详细信息。

多数酒店提供低廉的周末和旺季价格,以及家庭折扣。与其他欧洲国家的酒店价格相比,挪威的酒店价格不算昂贵。挪威国内许多大型连锁酒店提供个人度假通行证以及打折方案。

您也可以购买峡湾卡,持卡可享受挪威境内170余家酒店、宾馆、乡村别墅和公寓的折扣价格。建议您提前预订,尤其是挪威旅游旺季时。

露营小屋

许多露营地都有可提前预订的小屋,大中小房型齐全,设备齐全的房间有公共、独立卧室、厨房、淋浴和卫生间。

卧具价格低廉,旅客既可以自己清理,也可以付费请专人打扫。价格高的房型通常配有挪威风格的浴室、卧室、起居室和设施齐全的厨房。每间小屋每天价格是250挪威克朗起。

小屋等级

★一个房间和基础设施。

★★除上述外,另有电器(包括照明设施、加热设施、冰箱、电炉等)。该房型可有多个房间。

★★★除上述外,另提供自来水、独立卧室。室内自来水可接入独立卧室。

★★★★除上述外,另提供冷/热水、卫生间/淋浴、刀具/器具等。一间起居室和至少一间卧室。

★★★★★除上述外,另有酒店标准的自助吧台。

小屋出租越来越火爆,因此建议您尽早预订。

露营 *小贴士*

绝大多数露营地都允许支帐篷,并且准许大篷车和移动房屋进入。

挪威公路限定大篷车的尺寸。高度:无限制;宽度:2.55米;车+篷斗的总长度:18.75米。部分二级公路限宽2.55米。如果您乘坐的大篷车宽度大于2.3米、篷斗比车宽50厘米以上,则必须在车的前挡风玻璃上装置白色反光板。如果车+篷斗的总长度超过12.4米,司机则须查询是否准许在目的地公路或路线上行驶。您可以咨询道路信息服务中心获取更多信息,电话:175(从国外拨打:+47 815 48 991)。

如果您打算住在帐篷里,最好自备帐篷,因为仅有极少部分露营地出租帐篷。

开放时间通常是早7点至晚11点。一些大型的露营地有专人24小时值班。

在挪威,露营卡不是强迫购买的。然而,在部分露营地过夜必须持有或者购买露营卡。斯堪的纳维亚露营卡(CCS)是各公司即将发售的露营卡。如果您持有国际露营卡(CCI),则与斯堪的纳维亚露营卡具有同等效力。

青年旅社和家庭旅馆

挪威共有100多家青年旅社和家庭旅馆，由两家连锁旅店经营——国际连锁旅社和背包客国际连锁旅社。两家环境优美的连锁旅店都提供高标准的住宿设施。在这里您将认识来自五湖四海各年龄段的住客。

总体来说，公寓单人间的价格为100~300挪威克朗，双人间为300~600挪威克朗。旅店提供羽绒被和枕头，但您须自带被单和枕套，或从旅店租用。

乡村别墅

峡湾沿岸、森林、峡谷和高山上都有乡村别墅和小屋出租。其中一些提供短期租赁服务，大部分要求最少租赁期限为一周。

住宿标准各异，从简易房到豪华房都有。然而，租住在乡村别墅或小木屋里就是为了体验传统舒适、不可比拟的挪威村舍，而城市酒店里没有这种氛围。在小木屋里，您可以随心所欲支配时间，或者把一切抛在脑后，享受生活即可！

您可以从专业旅行社和本地或地区游客中心处租住乡村别墅或小木屋，当地报纸和网上也有村舍出租的广告。

农场

住在居德布兰德斯谷（Gudbrandsdalen）的中世纪农场或者带孩子前往挪威南部的动物农场，也是一种有趣的体验。

除照料动物外,农场还有其它各种活动,如骑马、垂钓、骑车、登山和游船观光。

④ 挪威冬季

单板滑雪

挪威各地的地形公园都投入了巨大的时间和金钱致力于为运动爱好者提供更多挑战和更大空间。海姆瑟达尔(Hemsedal)的地形公园领先于挪威其它地形公园,曾被《国际单板滑雪报》评为"世界最佳地

形公园",以其高标准设施而闻名。大型跳台、趣味BOX、2条总长100米的半管式雪道、2套quarter-pipe弧面组和栏杆,这些使海姆瑟达尔成为滑雪爱好者心中的最佳娱乐场所。对于初学者,这里还专门开辟了单独的园区。

对于既想挑战高大跳台和滑雪技术,又想领略大城市生活的人,奥斯陆(Oslo)是行程必选。从喧闹的市中心出发,大约1.5小时路程,您就可以找到两处很好的地形公园:特律旺冬季公园(Tryvann Vinterpark)和瓦灵斯科伦公园(Varingskollen)。奥斯陆特律旺冬季公园是挪威最大的地形公园,也是一年一度Oakley 北极挑战赛的承办地。始于1999年的Oakley 北极挑战赛是一项独立的单板滑雪赛事,受到业内广泛认可,发起人为单板滑雪运动传奇人物Terje Haakonsen。瓦灵斯科伦公园提供了大跳台、Box、单板墙、铁杆、波浪道等设施。

儿童活动

耶卢(Geilo)的弗勒雷肯地形公园(Fugleleiken terrengpark)是挪威最好的地形公园之一,提供了符合国际标准的雪道、栏杆、跳台和大跳台。

为了照顾儿童游客,耶卢还建立了自己的儿童公园,该园也很适合初学者前往。这里包括1个半管式雪道、跳台、Box、栏杆和1个趣味Box。

另一个适合单板滑雪和自由式滑雪的地方是哈山公园(Hafjell)。公园有15座跳台、6条栏杆、1个单板

小贴士

追根溯源:挪威泰勒马克式滑雪

泰勒马克式滑雪是一种源于挪威山地地区的滑雪运动,以其优雅的动作使您拥有前所未有的激动和兴奋感受。一切源于300多年前的挪威山地村庄莫尔格达尔(Morgedal)。一系列惊险的滑雪比赛中,速降、侧滑和旋转结合,Sondre Norheim教会了全世界人泰勒马克式滑雪。

泰勒马克式滑雪在风格和设备选择上和普通高山滑雪不同,被誉为最富节奏感和最流畅的山地滑雪方式。

随着滑雪运动的商业化发展,越来越多的地方开始兴建滑雪场,泰勒马克式滑雪技术也很难推广。到20世纪50年代,泰勒马克旋转已经快被人们遗忘。但到20世纪80年代,这种精妙的滑雪技术逐渐复兴,当形体、功能、时间和空间这些因素全部齐备时,一种近乎完美的优雅体验即将到来。

今天,有一小部分来自世界各地的滑雪爱好者成为泰勒马克式滑雪的忠实拥戴者——他们被这种将优雅和速度完美结合的运动所折服。当他们在山坡上速降时,您就能观看到人们对泰勒马克式滑雪的诠释。

如果您还没有对此着迷,那么请到挪威国内任何一家设施优良的滑雪场尝试一下泰勒马克式滑雪吧。

墙、1个大跳台和1个迷你管式雪道及1个半管式雪道。

高山滑雪

在利勒哈默尔（Lillehammer）北部，您能找到著名的滑雪胜地哈山。这里曾是1994年利勒哈默尔冬奥会大回转和回转项目的举办地。到冬奥会金牌获得者Lasse Kjus和Alberto Tomba曾经使用过的滑道上滑雪，或者前往其他滑雪胜地，绝对是一次非凡刺激的体验。

狗拉雪橇

蜿蜒曲折的海岸线绵延至平坦广阔的芬马克郡（Finnmark）内陆平原。偌大的雪地平原任您信马由缰，这里的雪撬犬体格健壮，热爱奔跑，它们在繁星点点的夜空下以风驰电掣之速拉着您奔跑在无边无际的白色平原上，惊险刺激。

通过这一项目，您将亲历原始而简单的生活，在周围的风中摇摆，在一望无际的白色雪原上奔跑，自由奔放。

小贴士

儿童农场

泰勒马克农场

伯农场假日（Bø Gardsturisme）在泰勒马克郡（Telemark）拥有18座农场，提供各种类型的农舍和房屋出租，从16世纪的古建筑到现代设施，应有尽有。每间农舍可容纳4~10人，所有住宿设施均配有家具、厨具、电视和卫浴设备。大多数农场都饲养各种动物，还提供诸如远足、骑车和游泳等丰富的户外活动选择。在这里您渴望的快乐生活近在眼前。

洛依兰农场

游览克里斯蒂安桑（Kristiansand）动物园和游乐园时，可住在洛依兰（Røyland）农场，它位于比尔克内斯（Birkenes）的恩格斯兰（Engesland），从克里斯蒂安桑（Kristiansand）驱车约一小时即达。儿童可以在那里了解到不同种类的动物，并同它们玩耍，您可住在从谷仓延伸出来的15米高塔中，俯瞰整个农场。

洛姆的斯特林德农场

如果从奥斯陆（Oslo）驱车前往西海岸的挪威峡湾，或许您可以考虑在斯特林德（Strind）农场住上一晚或两晚。景色秀丽的斯特林德农场位于洛姆（Lom），毗邻尤通黑门山（Jotunheimen）。夏季，农场通常会饲养羊、鸡和马。

中世纪农场

格利廷南场

挪威最古老的木板酒店之一，过去700年间由同一家族经营。大约公元1300年，格利廷南场（Sygard Grytting）为前往特隆赫姆圣奥拉夫大教堂的教徒们提供住所。

夏季7月1日至8月15日期间，您可在拥有700年悠久历史的建筑中住宿，这是挪威仅有的一座至今仍在运营的中世纪旅店。您还可以在建于1650—1860年的圆木酒店里预订一间更加舒适的房间，带私人浴室。

哈嘎农场

哈嘎（Håga）农场，通常称为培尔·金特农场，是一座中世纪时期的农场，魅力非凡、舒适自在。农场共有19间古老而精致的房间，都有按最高星级标准建造的套内浴室。菜单根据当地传统制定。所有原材料均出自农场或本地供应商，如古德布兰出产的农产品，或由临近的布兰沃尔农场供应的食材。烹饪的鱼来自山地湖泊，野味在当地猎取或由洛姆的奥克如斯特（Aukrust）农场的动植物养殖场供应。

小贴士

比赛

观看狗拉雪橇的比赛非常有趣。每年挪威举行两次闻名世界的狗拉雪橇比赛：菲蒙德比赛和芬马克比赛。菲蒙德比赛(Femundløpet)是以宜人的矿业城镇勒罗斯作为起点的世界最大型狗拉雪橇比赛。芬马克比赛（Finnmarksløpet）是欧洲最长也是欧洲最北部的狗拉雪橇比赛。这两个比赛与阿拉斯加艾迪塔罗德（Iditarod）比赛同为世界杯比赛项目。

芬马克地区狗拉雪橇服务提供商：希尔科内斯(Kirkenes)的BIRK爱斯基摩犬中心、卡拉绍克（Karasjok）的Engholm爱斯基摩犬中心、阿尔塔（Alta）霍岛雪橇犬中心、阿尔塔北极光爱斯基摩犬中心。

狗拉雪橇之旅分为不同的难度等级。您可以选择为期一天的短途旅行，也可以带着行李奔跑数日。

您在挪威的其它地方也可以享受狗拉雪橇之旅，尤其是在特吕西尔（Trysil）和勒罗斯（Røros）地区。

5 挪威山区守则

准备阶段

对于您即将踏上的旅程，请做好出行前的知识和装备准备。背上背包，到一些没有标识或者路况天然的地区进行登山或滑雪训练，不要怕条件艰苦。您的身体和心理适应能力、您的经验和您所准备的装备将决定旅行时间的长短和强度。

备份路线

许多小屋、酒店和其它类型的旅社都有旅行通知箱，您可以把旅行计划写下来，放进箱子中，如果遇到紧急情况，您所留下的信息将对急救提供重要帮助。

了解天气

不要过分依赖天气预报，您必须为坏天气做准备。天气预报无法准确预报山地地区的天气状况。尽管预报通常是正确的，但也无法保证天气不会突变。即便是夹杂着小雨或者冰霜的小风（蒲福风力等级5），也能造成冻伤。所以当您前往低洼地区或者山区时，必须时刻留心天气变化。向当地人咨询是个很实用的办法。

为坏天气和严寒准备的装备

帆布包和必要的登山装备是必需品。为了预防坏天气或者气温骤降，请再准备一些衣物。

一件宽松且最好带帽子的防风防水夹克、一条防风防水裤子、一副防风防水手套和一顶保暖帽，这些都是户外活动的衣物准备。在天气变化前，就将这些穿戴好，它们将保护您不受大风的摧残。还要准备一个大包，以便装置其它必需品。

向本地人学习

本地人会告诉您关于当地的风雪条件以及避开雪崩的安全路线。

实用地图和指南针

地图和指南针必须随身携带，并且清楚其使用方法。在出发前，仔细研究出行路线。跟随地图的指示，即便天气和能见度条件都很良好，它也会帮助您清楚自己所在的位置。当能见度降低时，没有地图，您很难确认自己的方位。边走边看地图，把您能够确认的方位在地图上做好标注，并正确使用指南针。携带一张透明的防水地图，并将地图贴在身上，以防被大风吹跑。将您的出发地和目的地在地图上做好标记，以帮助您达到目标。在每个已知的方位上，再用指南针定位。

不要单独行动

如果您独自出行，遭遇紧急情况时，将没有人给予急救或者其它资源协助。不是所有人都能一路安全抵达。大队出游也是不明智的，尤其当成员们都是初级选手时。团队是否强大要看其队员的能力。

及时返回

明智的选择退出并不是一件丢脸的事情。如果条件急转直下，您对能否达到目标有所怀疑时，请及时返程。不要试图和天气做斗争，其他人也许要冒着生命危险去营救您。如果您改变计划，确保有其他人知道您的最终路线。如果在一个大风天出行，要迎风而行。在必要时，这样能够更容易返回。

保持体力

风越大，徒步旅行/滑雪的难度越大。以团队中最弱的一名队员的速度作为标准，这样将避免有人掉队。如果是纵队前进，则要经常回头看一看后面的人是否跟上了队伍，尤其在恶劣天气条件下，很难听到其他人的声音。

记住要经常吃点东西，补充水分。体力上的耗费增加了身体对水分的需求，即使您没有感到口渴，也要常喝水。食物和水分的缺乏容易导致困乏，您会觉得缺乏动力。

在精疲力竭之前，留些体力建造一座雪掩体，几小时即可完成。当您有多余的体力和时间时，不妨多练习一下，经验很重要。一件空间足够大的袋子也能作为紧急情况下的遮掩物。

小贴士

挪威越野滑雪胜地

越野滑雪在挪威是免费的，在挪威国内大部分地区都有维护良好的越野滑道。以下为您推荐几个地区。

尤通黑门山（Jotunheimen）

"巨人之地"是一座山脉和一座覆盖约3500平方公里的国家公园。您可以在本地区连续几日越野滑雪，期间住宿在不同的山间小屋，也可以以传统酒店、客栈或旅社为起点，开始一日滑雪之旅。对于真正的越野滑雪狂热分子，尤通黑门即使在春夏两季也是最理想的运动场地。

沃戈（Vågå）小镇和贝托斯特伦（Beitostølen）小镇是越野滑雪冒险之旅的最佳起点。如果您想登顶，那么鑫牧场（Hindsæter）可以作为起点，一举攀上海拔2258米的瑙特嘎尔斯峰（Nautgardstind）。也可以从瓦尔德莱斯山间高原（Valdresflya）出发，前往海拔2105米的拉斯勒峰（Rasletind）。

妖精路（Trolløypa）

从北部的赫乌德灵恩（Høvringen）和龙达讷山（Rondane）出发，途经灵厄布山（Ringebufjellet），最终抵达南部的利勒哈默尔（Lillehammer），这是一条绵延几公里的不间断滑道，沿途都是未经破坏的原始大自然。由于路程遥远，期间有很多不同路况条件，有时需要翻越高海拔山地地区。全程170公里，从2月1日至复活节后，滑道一直开放。

培尔金特路（Peer Gynt-løypa）

培尔金特路是居德布兰德斯谷（Gudbrandsdalen）西侧一条穿越山地地区的标记完善、维护良好的滑道。途经艾斯佩达伦（Espedalen）、菲弗尔（Fefor）、加拉（Gålå）、劳沃森（Lauvåsen）和谢德（Skei）——这些都是著名的滑雪胜地，也是冬季旅游传统目的地。

无论是家庭客人还是追求更多挑战的滑雪爱好者，培尔金特路都是很好的选择，可以提供最佳滑雪体验。一项非常重要的安全保证是滑道沿途平均分布着众多山地旅社和酒店。您还可以领略沿途尤通黑门山、龙达讷山和多夫勒山（Dovrefjell）国家公园的景色。

芬马克高原（Finnmarksvidda）

作为北极滑雪之旅的一站，前往北挪威可以找到广袤原始的芬马克高原。这片地面崎岖的冻土冰原是挪威国内最大的山地高原，身处其中时间好像静止，永恒就此实现。如果运气好，也许还能看到北极光。

奥斯陆——首都滑雪

在这里，您可以在繁忙的首都滑雪，同时拥有清新的空气。从繁忙的市区街道前往未曾破坏的大自然仅需不到30分钟。长达2000公里的越野滑雪道将带您深入平静的森林。

其他目的地

在许多滑雪胜地，如耶卢（Geilo）、海姆瑟达尔（Hemsedal）和特吕西尔（Trysil），您都能找到越野滑雪场，可以在享受高山滑雪和其它趣味冬季活动的同时体验越野滑雪的乐趣。

越野滑雪安全措施

请记住，天气可能随时变化（尤其在山区）。每次出行都务必随身携带地图，请牢记挪威山地守则中的信息。您可以从游客信息中心、书店或挪威登山协会购买关于越野滑道的地图。

畅游北欧 | 挪威

NORTHERN EUROPE GUIDE

Northern Europe

畅游北欧 ①

挪威奥斯陆中央车站

奥斯陆中央车站是奥斯陆最大的车站，这里是挪威铁路系统最重要的枢纽，交通便利，设施更是世界一流。同时中央车站的列车形态各异，令人耳目一新。

01 奥斯陆中央车站
奥斯陆最大的车站

奥斯陆中央车站是奥斯陆最大的车站，也是挪威铁路系统最重要的枢纽。车站建于1980年，后来在2008年进行了改造，目前是挪威国内德拉门线、加勒穆恩线、约维克线、东福尔郡线、挪威干线等重要铁路线路的终点站。车站的设施经过改造之后已经处于世界一流水平，能够让人们很轻松地了解当天的列车时刻表，出行十分便利。同时，中央车站还是火车迷们不能错过的地方，这里汇集了挪威所有使用中的列车型号，形态各异，很有看头。

TIPS
🏠 Jernbanetorget 1, 0154 Oslo ☎ 47-04004
★★★★★

02 奥斯陆大教堂
奥斯陆最重要的教堂

奥斯陆大教堂距离中央车站很近，是奥斯陆最重要的教堂。奥斯陆大教堂建于17世纪，前后总共修建了100年才完工。挪威国教基督教福音路德派就以此大教堂为中心，将教义传播到全国。教堂的建筑十分精美，其青铜大门是1938年由挪威著名的雕刻家Dagfin Werenskiold所设计，上面有不少漂亮的浮雕。在教堂的大堂中央摆放着一座巨大的管风琴，一共由6000根风管组成，声音悠扬，音质极佳。

TIPS
🏠 Karl Johans Gate 11 ☎ 47-23629011 🚇 乘地铁1-6号线在Stortinget站下 ★★★★★

03 电影博物馆
展示挪威电影的发展历史

TIPS

 Dronningens gate 16　47-22474550　乘12、13、19号电车在Kirkegata站下　★★★★

电影博物馆和奥斯陆其他电影产业机构一起位于一处叫做"电影之家"的设施内。这里展示了挪威电影的发展历史，能够让游客们深入了解挪威电影从诞生到发展的全过程，以及挪威国内电影院的发展史。走进这座博物馆，就好像进入了电影的长河一般，馆内到处陈列着挪威电影历史上的各种有纪念意义的物品，如著名导演Ivo Caprino的动画电影中的木偶等。同时博物馆里还不断播放着挪威很多老电影的片段，让人感受到浓郁的怀旧氛围。

04 挪威建筑博物馆
关注挪威建筑和建筑师

TIPS

 Bankplassen 3　47-21982000　乘12、13、19号电车在Kirkegata站下　★★★★

挪威建筑博物馆成立于1975年，位于一座17世纪的古老建筑内，通身雪白，外表很具古罗马风格，大门口还用了古希腊式石柱进行装饰，十分古朴典雅。博物馆里主要进行一些临时的展览，以挪威的建筑和建筑师为主。因此，在博物馆内游客可以看到不少现代建筑师所设计的千姿百态的建筑，惊叹于建筑师们将钢筋水泥的建筑融入了传统之美。除此之外，建筑博物馆内常年设有关于挪威建筑历史的问答节目，充满趣味性，吸引了很多来访的游客。

05 挪威国会大厦
挪威的政治中心

TIPS
📍Karl Johans Gate 22　☎47-23313180　🚇乘地铁1-6号线在Stortinget站下　⭐⭐⭐⭐

建于1866年的挪威国会大厦位于奥斯陆主要干道卡尔·约翰斯大道上。国会大厦中间是一座圆柱形的建筑，左右分别展开两翼，建筑外墙是鹅黄色，样子十分古典。国会大厦一般是不对外开放的，但是会在固定时间提供有挪威语和英语服务的内部导游行程，而且这一行程还是免费的，如果有机会来到挪威一定不能错过。漫步在国会大厦中，你会发现楼内的装饰十分华丽，议员们的座位如马蹄状分布，头顶上还有漂亮的水晶吊灯，让人流连忘返。

06 当代艺术博物馆
展示挪威50年来出色的艺术品

TIPS

Bankplassen 4　47-21982000　乘12、13、19号电车在Kirkegata站下　★★★★

当代艺术博物馆成立于1987年，建造在挪威银行的原址之上，专门收藏和展示挪威50年来出色的艺术品，而且每过25年，博物馆内比较老的艺术品都会被转移到国家画廊里去，以保持当代艺术博物馆的"当代"感。目前博物馆内的展品主要为博物馆自己收集的展品和外来的临时展品，而且经常会有来自世界各地的著名艺术家将自己的作品放到博物馆内展出，让人们体验到不同的艺术风格。此外博物馆里还有商店和咖啡馆可以供人们休息放松。

07 奥斯陆歌剧院
宛如冰山的奥斯陆歌剧院

TIPS

☎ 47-21422100　🚇 奥斯陆中央车站步行10分钟
★★★★★

　　奥斯陆歌剧院是2008年新投入使用的,是继14世纪初建造于特隆赫姆的尼德罗斯大教堂之后挪威最大的文化建筑。整座歌剧院建筑就好像冰山一样拔地而起,采用了未来派的斜角结构造型,在棱角分明的主建筑旁还有一个倾斜的平台,每个人都可以登上歌剧院的顶端,遥望奥斯陆美丽的峡湾风光。歌剧院内可以容纳1359名观众,而且没有普通歌剧院中常见的包厢,即使是国王也必须和平民坐在一起,宣扬了人人平等的精神。

歌剧院外观&周边风光　未来派风格的歌剧院

奥斯陆歌剧院的外观极具特色，主建筑棱角分明，是未来派风格的斜角结构，虽然建筑很高大，但是却给人一种平易近人的感觉。原因就在于歌剧院建筑上有斜向的平台，人们可以通过平台登上歌剧院顶端，四周美丽的自然风光一下子就出现在眼前。此外，在歌剧院四周还能看到挪威最壮观的峡湾风光和蔚蓝的大海，让人心旷神怡。

08 卡尔·约翰斯大道　逛
奥斯陆最主要的商业主干道

TIPS
 Karl Johans Gate　乘地铁1-6号线在Stortinget站下
★★★★★

卡尔·约翰斯大道是奥斯陆最主要的商业主干道，从奥斯陆中央车站一直延伸到国会大厦，直至王宫，全长1公里左右，几乎经过奥斯陆所有的重要建筑，而且距离奥斯陆大教堂、歌剧院等主要景点也近在咫尺。从大教堂到国会大厦之间的一段路还被开辟成为步行街，汇集了各种店铺，有很多世界知名品牌的专卖店。天气晴朗的时候，时常会有街头艺人为人们表演各种项目，可以说是大道上最热闹的一段。

09 Stortorvets Gjaestgiveri
挪威最具代表性的餐馆之一

Stortorvets Gjaestgiveri已经经营了200多年，是挪威最具代表性的餐馆之一。店内装潢和设施全都散发着浓郁的古典气息，古老的建筑和家具一起营造出经典的怀旧氛围。这家店提供的菜式十分传统，是挪威极具代表性的本土菜，因此深受外国客人的喜爱，来这家店品尝一下正宗的挪威味道也是很多人的必备旅程。此外，在餐厅三层的墙壁上还装饰有展示奥斯陆历史的绘画作品，一边用餐，一边了解城市的历史，可谓一举两得。

TIPS

📍Grensen 1 ☎47-23356360 🚌乘11、12、13、17、18、19号电车在Stortorvet站下 ★★★★

10 蒙克博物馆

纪念挪威历史上最负盛名的艺术家

TIPS

 Toyengata 53　47-23493500　95挪威克朗　乘地铁1-6号线在Tøyen站下　★★★★

蒙克是挪威历史上最负盛名的艺术家，他对于整个欧洲的艺术走向产生了重要的影响，是表现主义的先驱。蒙克博物馆于1963年开放，馆内收藏了蒙克去世前捐出的所有绘画作品，数量达到上千幅，其中包括最著名的《呐喊》和《麦当娜》等作品。这两幅传世名作曾经多次被盗，因此博物馆也为它们专门升级了防盗安保系统。此外，这里还有蒙克的版画与素描数百幅，可以看出蒙克艺术风格在不同时期的变化和发展。

★ 《呐喊》 表现主义的代表作

《呐喊》是蒙克1893年所绘制的作品，被看作表现主义的代表作。这幅作品的背景源于1883年印尼喀拉喀托火山爆发，飞散的熔岩把天空都染红了。画中的地点则是从厄克贝里山上俯视的奥斯陆峡湾，一个人双手抱头作惊恐状。后来这幅画被人们赋予了生命、爱情、恐惧、死亡和忧郁等意境，使之内涵更为丰富。

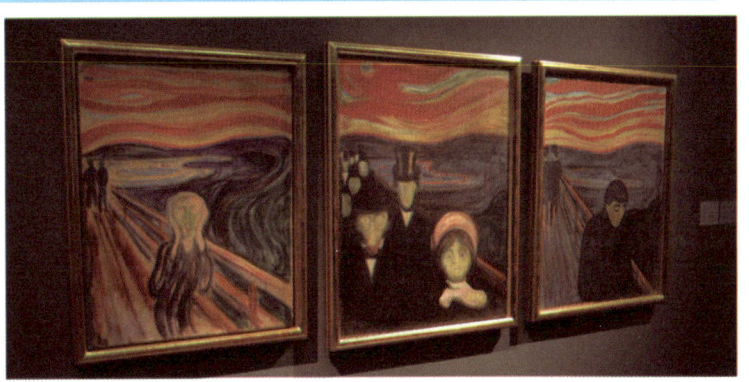

NORTHERN EUROPE GUIDE

畅游北欧 ②

Northern Europe

挪威王宫

挪威王宫建于19世纪,是哈拉尔国王的办公地。王宫前的广场有国王卡尔十四世的铜像,王宫的周围有圆柱走廊,后面有幽静的花园。王宫这座白色的建筑物隐在花木之间,显得肃穆庄重。

01 挪威王宫
挪威国王办公和居住的地方

挪威王宫位于奥斯陆市内一片高地上，正对着卡尔·约翰斯大道，是挪威国王哈拉尔五世办公和居住的地方。王宫建于1848年，由当时的挪威国王卡尔十四世下令修建，至今在王宫门前依然矗立着他英姿勃发的骑马像。围绕在王宫周围的是330多亩的林地和公园，因此整个王宫都被绿意所包围，环境十分雅致，让人心旷神怡。国王在王宫内时，王宫的上空会飘扬起红底金狮的皇家旗标。如果旗标上有一个三角形的缺口，那就代表国王暂时不在王宫里，由哈康王储暂时作为国家元首。

TIPS
- Henrik Ibsens gate 1
- 47-22048700
- 95挪威克朗
- 乘地铁1-6号线在Nationaltheatret站下 ★★★★★

✱ 卫兵交接仪式
历史悠久的古老仪式

挪威王宫门口的卫兵交接仪式是一项历史悠久的古老仪式，虽然比起白金汉宫门前那精彩纷繁的交接仪式显得比较简单，但是却拥有自己独特的魅力。卫兵的服装以黑为主，佩戴绿色的肩章，领章和裤缝为白色。他们在指挥官的带领下前往王宫门口的岗哨，进行完交接之后仪式结束，虽然流程很短，但卫兵们帅气的脸庞和干净利落的动作还是让很多女孩子神魂颠倒。

02 国家剧院
挪威历史最悠久的剧院

国家剧院是挪威历史最悠久的剧院，坐落于挪威王宫和国会大厦之间，是一座19世纪极具代表性的新古典主义建筑。在国家剧院大门前，竖立着挪威最伟大的剧作家易卜生的塑像，代表着挪威深远的戏剧文化历史。自1899年挪威国家剧院成立以来，它就成为了挪威戏剧家和挪威语戏剧的主要演出场地，甚至还在奥斯陆以东的托思霍吾区开有分剧场。国家剧院内主要分三个演出空间——大剧院、圆形剧场和画厅沙龙，内部设施都是世界一流的，可以举行各种戏剧表演。

TIPS
Johanne Dybwads Plass 1　47-81500811　乘地铁1-6号线在Nationaltheatret站下　★★★★★

03 Nydalen地铁站
奥斯陆诸多地铁站中最具特色的一座

Nydalen地铁站是奥斯陆诸多地铁站中最具特色的一座，它位于地铁五号线沿线。当人们搭乘电动扶梯进出站时，都会被两边墙上那五彩缤纷的灯光所吸引，仿佛穿越了一条幻彩的隧道。隧道内安装了特殊的传感器，会随着乘客数量、声音等的不同而发出不同颜色的灯光，因此人们每分每秒所看到的灯光秀都是完全不同的。每一次乘车都会有一次崭新的体验，因此吸引了无数游客在这个站反复搭乘，为的是看一下这些灯光到底有多少种变化。

TIPS
Nydalen, Nydalsveien 38, Grefsen, 0484 Oslo　乘地铁5号线在Nydalen站下　★★★★

04 奥斯陆大学
挪威历史最悠久、规模最大的大学

建于1811年的奥斯陆大学，原名皇家腓特烈大学，是挪威历史最悠久、规模最大的大学，在整个斯堪的纳维亚地区享有盛誉。漫步在奥斯陆大学的校园中，随处都能感受到两个世纪前的传统气质，大学中的历史博物馆是最受人们欢迎的景点，其中的文物收藏部门最吸引眼球，这里展示着名贵的金银器、中世纪的艺术品和维京海盗时期的海盗船遗迹。此外，位于历史博物馆旁的国家展览厅中也收藏了很多挪威历史上著名的艺术品，也是游客趋之若鹜的热门景点。

TIPS
Problemveien 7, 0313 Oslo 47-22851630 乘地铁1-6号线在Nationaltheatret站下 ★★★★

05 易卜生博物馆 赏
易卜生的故居

易卜生博物馆位于奥斯陆易卜生的故居之中,易卜生从1895年直到1906年去世一直都居住在这里。博物馆分为易卜生夫妇的卧室、书房、会客厅等部分,所有的家具和陈设都是易卜生当年使用过的,一切都保持了原样。同时博物馆内运用各种高新科技,利用声光电技术效果向人们展示易卜生的各种资料,如在一扇门上打上易卜生的投影,让人感觉仿佛是他来带领人们参观一样。每年博物馆还会举行易卜生戏剧表演,让人们对这位伟大的剧作家有更深入的了解。

TIPS
- Henriklbsensgate 26　47-22123551　85挪威克朗
- 乘13、19号电车在Slottsparken站下　★★★★

06 诺贝尔和平中心 赏
展示和介绍诺贝尔和平奖的诞生与发展历史

TIPS
- Brynjulf Bulls Plass 1　47-94770510　80挪威克朗
- 乘地铁1-6号线在Nationaltheatret站下　★★★★

诺贝尔和平中心建于2005年,是在奥斯陆市政厅附近旧火车站的基础上改建而来,主要向人们展示和介绍诺贝尔和平奖的诞生与发展历史,以及诺贝尔奖的创始人诺贝尔一生的事迹,同时向全世界呼吁和平,提高人们对战争和解决纷争的关心程度。诺贝尔和平中心还被用于举办各种演讲和活动,每年12月10日的诺贝尔和平奖颁奖仪式就在这里进行。此外,在中心内还设有咖啡厅和商店,供人们休息放松。

畅游北欧　挪威王宫

07 挪威国家美术馆
挪威艺术家的绘画和雕塑作品

挪威国家美术馆始建于1837年,最早并不对外开放。1882年,馆址迁移到了一家由银行捐资建造的雕刻收藏馆中,这座雕刻收藏馆从此就成为挪威国家美术馆的主体。馆内收藏主要以挪威艺术家的绘画和雕塑作品为主,其中蒙克的作品就占了很大一部分,总共有58件之多,最著名的是那幅《呐喊》的一个版本,此外《青春期》《圣母玛利亚》也都是他的代表作。此外,这里还有马奈、莫奈、高更、毕加索等知名画家的作品。

TIPS

Universitetsgate 13　47-21982000　乘地铁1-6号线在Nationaltheatret站下　★★★★

08 历史博物馆
奥斯陆最著名的博物馆之一

TIPS

📍Frederiksgate 2 ☎47-22859787 💰50挪威克朗 🚇乘地铁1-6号线在Nationaltheatret站下 ★★★★

历史博物馆是奥斯陆最著名的博物馆之一，将挪威这个国家的历史全数收入其中。历史博物馆里陈列着挪威各个时期的重要文物，如早期的各种金属器皿、维京时期的海盗用品、中世纪时期的精美木雕等，不过最吸引人的当属各个历史时期和各个国家的特色服饰。其中既有挪威北部萨米族人的夏冬季传统服饰，也有来自中国清朝时期的官员官服和平民服装等等，让人不由得感叹博物馆藏品之丰富。

09 奥斯陆市政厅
极具艺术感的市政厅

始建于1900年的奥斯陆市政厅是这座城市的政治核心，建成后50年间经过现代艺术家的润色和装饰，最终拥有了现在的规模。市政厅整体是用红砖砌成，外观呈一个"凹"字形，周围分布着各种雕塑作品，内容反映了挪威人生活的各个方面。市政厅前还有一个很大的喷泉，人们可以通过喷泉两边的楼梯前往市政厅。市政厅内的大厅空间十分开阔，让人不禁惊讶于它的高大雄伟，四面墙上有不少壁画，使得整个建筑带有浓郁的艺术感。

TIPS

📍Fridtjof Nansens Plass ☎47-23461600 🚇乘地铁13、19号线在Nationaltheatret站下 ★★★★★

看点 01 蒙克展示厅　　历史价值极高的展示厅

蒙克在挪威的地位十分高,以至于市政厅中专门为他开辟了一间展厅,展示厅内主要陈列蒙克的作品,包括著名的《呐喊》《生命》组画等等。漫步在展示厅里就好像跨越了百年时光和大师对话一般,让人们能深切理解这些艺术作品中所包含的含义。因此,这里是来市政厅游览绝对不能错过的一处展厅。

看点 02 诺贝尔和平奖颁奖典礼　　赫赫有名、场面盛大的诺贝尔颁奖典礼

诺贝尔和平奖是5个诺贝尔奖项中唯一在挪威颁奖的奖项。每年12月10日诺贝尔逝世纪念日,奥斯陆市政厅内都会举办盛大的诺贝尔奖颁奖仪式,向该年获得诺贝尔和平奖的人士颁发奖金和证书,场面十分盛大。包括美国总统奥巴马在内的获奖者都曾经在这里领取诺贝尔和平奖。

10 阿克斯胡城堡
俯瞰奥斯陆市中心全貌

阿克斯胡城堡坐落于艾克海角边上，从城堡上可以俯瞰奥斯陆市中心的全貌，连奥斯陆市政厅都可以看得一清二楚。阿克斯胡城堡建于1300年，是当时的挪威国王哈康五世为了守卫奥斯陆而建，此后80年间一直都是挪威国王的居所，是中世纪欧洲最具代表性的城堡之一。此外，阿克斯胡城堡称得上是华丽宫殿和坚固要塞的完美结合，既有很多军事防御设施，内部的装饰也极为华贵典雅，可以说是17世纪初的建筑大师汉斯·斯汀文寇的杰作。

TIPS
📍Akershus festning ☎47-23093553 💰70挪威克朗 🚊乘12号电车在Christiania torv站下 ★★★★★

畅游北欧 — 挪威王宫

11 Aker Brygge购物商场
仓库改建的综合购物中心

Aker Brygge购物商场原先是位于港湾上的仓库，经过先后两次的开发和扩建，如今已经是一座拥有各种店铺和35家咖啡馆、酒吧、餐馆、剧场和电影院的大型综合性购物中心，是奥斯陆居民平时休闲购物的首选。Aker Brygge汇集了很多挪威知名的店铺，如奥斯陆最高档的百货公司玛格西纳百货，店内集中了挪威甚至整个斯堪的纳维亚地区最高档的精品和各种礼品。此外还有挪威最大的百货公司斯汀·斯托罗姆，各种生活用品应有尽有。

TIPS
📍Stranden 3a ☎47-22832680 🚊乘12号电车在Aker brygge站下 ★★★★

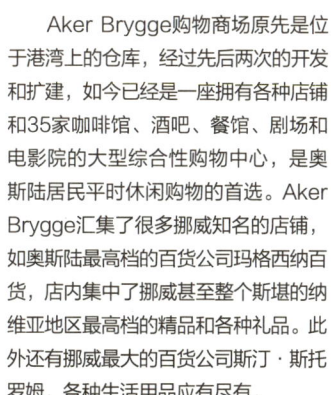

NORTHERN EUROPE GUIDE

Northern Europe

畅游北欧 ③

挪威奥斯陆其他

奥斯陆有很多别具特色的博物馆，让人叹为观止。其中，最为瞩目的是维京船博物馆，这里是最受欢迎的观光胜地之一，也是最为壮观的海岛文化宝库之一，用一件件馆藏文物讲述着浪漫惊险的海盗历史。

01 维京船博物馆
三条维京古船

TIPS
- Huk Aveny 35,Oslo,Norway
- 47-22135280
- 60挪威克朗
- 乘30号巴士在Vikingskipene站下
- ★★★★

维京船博物馆位于比格半岛上,是这里最受欢迎的旅游景点之一。整座博物馆主要由三条维京船构成,这三条船都是过去100年间在奥斯陆峡湾区域内出土的,全都是在基督教传入北欧地区之前,活跃在这一地区的维京海盗们使用的船只。在这三条船中,Gokstad号和Osbereg号保存最为完好,无论是船体的造型,还是船内用品的丰富程度都让人叹为观止。除了展示精美的维京船外,博物馆还通过各种资料向人们介绍维京海盗的历史。

看点01 Gokstad墓葬船
雄伟优美的维京海盗船

Gokstad墓葬船是一艘相当大的维京海盗船,据推测是9世纪时一位维京海盗头目的随葬船。维京人靠海而生,所以死后也要以船为伴,在维京贵族的墓地里总能发现随葬用的船只,伴有大量的随葬器物。这艘船线条流畅优美,船身坚固,排水量大,可以持久航行在北海及大西洋水域中,至今依然能让人感受到它的雄伟气势。

看点 02 | Osbereg号
装饰柔美的女王随葬船

Oseberg号是9世纪的维京女王奥沙的随葬船，因此带有不少女性的柔美感。这艘船的体积比Gokstad号要小，但是线条更为柔和，船身上布满了漂亮的装饰和精美的雕刻，可以看出奥沙女王爱美的一面。船内随葬了很多日常用品，包括马车、炊具等，可以想见当时的维京海盗是如何在船上生活的。

02 | 挪威民俗博物馆
世界上最早的露天博物馆

TIPS
◎ Museumsveien 10　◎ 47-22123700　◎ 100挪威克朗　◎ 乘30号巴士在Folkmusset站下　◎ ★★★★

挪威民俗博物馆是世界上最早的露天博物馆，这里集中展示了整个挪威的风土人情，人们不需要走多远就可以逛遍挪威各地，一窥挪威传统建筑物的风貌，体验一下挪威农民的生活。博物馆里竖立着170多间从挪威各地迁移过来的木造建筑，这些木屋各具特色，带有各地浓郁的传统风格。其中最吸引人的是一座1200年前建造的木造史塔夫式教堂，教堂极尽奢华，非常漂亮。此外，18、19世纪的旧式加油站等城市建筑也很有看头。

03 | 弗拉姆极圈探险船博物馆
著名的极地探险船

弗拉姆极圈探险船博物馆是一条长39米、重800多吨的极地探险船，自1893年首次出航以来，20年间曾经多次前往南北极圈内进行探险考察，带回来无数珍贵的资料和标本。著名探险家南森就是乘坐这条船，成为第一个抵达北极的人。如今这条船早已退役安享晚年，成为人们了解极地环境和风光的一个窗口。博物馆内展示了这艘传奇探险船在极地探险时所收集的各种资料，还有当时去北极探险时所使用的各种工具，让人们深切感受到100年前探险之辛苦和环境之恶劣。

TIPS
◎ Bygdoynesveien 36　◎ 47-23282950　◎ 60挪威克朗　◎ 乘30号巴士在Bygdoynes站下
◎ ★★★★★

畅游北欧 | 挪威奥斯陆其他

04 康提基博物馆
著名的康提基号木筏

TIPS
 Bygdoynesveien 36　　47-23086767　　65挪威克朗　　乘30号巴士在Bygdoynes站下
★★★★

康提基博物馆是由挪威传奇探险家海尔达尔所创办的，博物馆内的主体就是他制作的一艘木筏——康提基号。当时他与5名同伴乘坐康提基号从秘鲁的卡亚俄港出发，最终到达南太平洋的图阿莫图群岛，轰动一时。如今的康提基号依然保持着原貌，木筏上的很多物品也都是当初所使用的，人们似乎还能想象到这艘木筏在大洋中劈波斩浪前进的样子。此外，在博物馆内还开辟有洞穴探险及水下展览活动，游客们可以亲身体验身处深海的感觉。

05 维格兰博物馆
维格兰的工作室

TIPS
 Nobels gate 32　　47-23493700　　50挪威克朗
乘12号电车在Frogner plass站下　　★★★★

维格兰博物馆原本是挪威政府为了让维格兰专心于雕刻公园的建设，而专门为他开辟的一座工作室。在维格兰去世后，这间工作室就被改造成为纪念维格兰的博物馆。工作室里的所有陈设都保持着维格兰在世时的样子，里面的作品也全都保留了下来。在这里可以看到，维格兰作为一个木匠的儿子，早期的作品以木刻和绘画为主，后来才转向石雕创作。他喜欢古代诗人荷马的作品，因此所创作的雕刻作品全都带有史诗般的壮阔气势。

06 挪威海洋博物馆

历史悠久的博物馆

挪威海洋博物馆建于1914年，是一座历史悠久的博物馆。现在的博物馆建筑是1957年时修建的，其独特之处在于建筑完全是用手工建造的，没有使用任何机械，堪称是人类智慧的结晶。海洋博物馆和附近的弗拉姆极圈探险船博物馆，与康提基博物馆相比，更加注重于展示挪威的渔业、造船业和航海时代的艺术、文明等。博物馆里陈列着挪威最古老的船Stokkebåten号、北极船Gjøa号和三桅帆船Svanen天鹅号等船只，是人们了解挪威航海史的最佳去处。

TIPS
- Bygdoynesveien 37
- 47-24114150
- 60挪威克朗
- 乘30号巴士在Bygdoynes站下
- ★★★★★

《海上挪威》电影

展现挪威海洋风光的全景电影

《海上挪威》电影是一部从高空取景、实地拍摄挪威海洋风光的全景电影。在电影中人们的视角好似跟随一只在海上飞舞的鸟儿，时高时低，细致地观察着挪威每一寸海岸线。在20分钟的时间内，让人们零距离感受挪威壮观的海洋风情，加上美丽动人的音乐，让人不由得沉醉在这美丽的风景之中。

07 维格兰雕塑公园 赏

维格兰的心血结晶

TIPS

◎ Nobels gate 32　◎ 乘12号电车在Frogner plass站下　◎ ★★★★★

位于奥斯陆西北部的维格兰雕塑公园是以挪威雕塑大师古斯塔夫·维格兰的名字命名的，占地50多公顷。公园里一共有192座雕塑，包含了650个不同人物。这些雕塑都是用铜、铁和花岗石制成，主题是反映人的生和死，是维格兰20多年心血的结晶。这些雕塑零散地分布在公园内的各个区域中，杂而不乱，错落有致。公园正中央是一条长达850米的中轴线，维格兰最得意的作品如石桥、喷泉、圆台阶、生死柱等全都位于中轴线上，因此最受游客的关注。

看点 01　石桥

千姿百态的雕塑之桥

石桥是人们进入雕塑公园所看到的第一个景物，石桥上有不少雕塑作品，特别是四个角落分别矗立着四根花岗岩石柱，其中三根雕着男人勇斗巨蜥的景象，另一根则雕着女人拥抱蜥蜴的景象。在石桥的栏杆上还装饰着58座青铜雕像，男女老少形象齐全，代表着纷繁复杂的人间百态。此外石桥下池塘畔是儿童活动区域，有不少婴儿形象的雕塑。

看点 02　生死柱

整座公园最具代表性作品

生死柱位于公园的正中央，是整座公园最具代表性的作品，是维格兰花费了14年时间创作的。雕塑的主体为一根高达17米的石柱，从上到下刻满了121个男女浮雕，分别有夭折的婴儿、不幸的青年、披头散发的妇女、骨瘦如柴的老人，反映了人们从生到死的各种形象，还反映了人类社会中互相倾轧或相互扶持的场景，堪称是对世界百态活灵活现的诠释。

看点 03 喷泉
雕塑公园中一大代表性景观

喷泉也是雕塑公园中一大代表性景观，喷泉连同四周的雕塑都是用铜铸成，在四壁上通过浮雕描绘了人们从婴儿出世开始，经过童年、少年、青年、壮年、老年，直到死亡的全过程，而四角的四座雕塑分别刻画了天真活泼的儿童、充满活力的青年、奔波劳苦的壮年、垂暮临终的老年等形象，代表了人们一生中要经历的阶段。

08 奥斯陆市立博物馆
介绍奥斯陆800年的历史

奥斯陆市立博物馆位于维格兰雕塑公园内，在一栋1790年建造的Frogner Manor老宅邸的基础上改建而来。市立博物馆内按照年代分出展厅，介绍奥斯陆这座城市从公元1200年至今的文化和历史。博物馆内的展品范围很广，小到人们日常生活用品、饮食起居、服装饰物、休闲娱乐，大到整个城市的原始风貌、移民过程、规划演变等，通过各种文物、模型、照片等向人们展示活生生的城市历史。这里还循环播放一部叫《千年奥斯陆》的影片，能够给人留下更深刻的印象。

TIPS
 Frognerveien 67　47-23284170　乘12号电车在Frogner plass站下　★★★★★

NORTHERN EUROPE GUIDE

Northern Europe

畅游北欧
④

挪威其他

挪威山脉纵横，峡湾众多，被称为最适合居住的国家。挪威有很多古色古香的城堡，哈孔城堡是挪威国内面积最大的中世纪建筑，是维京国王哈孔所建的王家城堡，也是最气派壮观的城堡。

01 哈孔城堡
挪威国内面积最大的中世纪建筑 赏

TIPS
 Bergenhus Festning　47-55316067　50挪威克朗
★★★★★

哈孔城堡是挪威国内面积最大的中世纪建筑，是维京国王哈孔所建的王家城堡，也是当时最气派的建筑。城堡建成后，哈孔国王就在这座城堡为自己的儿子马格努举行了迎娶丹麦公主的仪式。不过随着王室的没落，这座城堡也逐渐破败，最后竟沦落为一座仓库，并在"二战"时被德军炸毁。"二战"后这座城堡被重建，城堡内交错的木梁和砖石结构依然向人们展现着过去的无比辉煌，如今挪威国王有时候还会在这座城堡里举行会议。

02 罗森克兰塔
遥望海景的最佳去处 赏

罗森克兰塔矗立在哈孔城堡旁，面临大海，是遥望海景的最佳去处。高塔建于1560年，当时除了供王室成员居住外，还有军事

TIPS
 Bergenhus Festning　47-55314380　50挪威克朗　★★★★

防御的作用。塔内的光线比较昏暗，但人们可以顺着阴暗狭窄的回旋梯上到塔顶。拱形的窗户、装饰有贵族人像的大型壁炉等均凸显出华贵的王室风范，让人感觉好像穿越回了中世纪一般。登上塔顶放眼四望，眼前一片壮观的大海景色，远方海天一线，运气好时还能看到日出日落的景象，令人心驰神往。

03 布里根旧城区
卑尔根最古老的区域

布里根旧城区是卑尔根最古老的区域,面临瓦根湾,至今依然保持着浓郁的中世纪风格。布里根区依山而建,一座座木制的小屋顺着山坡依次而起。这些木屋是18世纪初卑尔根大火之后重建的,充满着中世纪时期的汉莎风格,可以说是卑尔根的象征。此外,自古以来卑尔根就是一座商业十分繁盛的城市,这排小木屋是当年德国商人们的住所,他们在这里收购新鲜的鳕鱼,晒干后销售回德国。汉莎木屋正是那个时代的代表。

TIPS
🚉卑尔根火车站步行10分钟可到 ★★★★★

04 布里根博物馆
废墟中建立的博物馆

1955年布里根遭受了一场大火灾,城内很多住宅都化为了灰烬,但是人们却在废墟下意外发现了不少过去根本不知道的遗迹,为了保留这些考古成就,布里根博物馆就此建立起来。博物馆内陈列了很多卑尔根中世纪时商业繁盛的遗迹,如各种船只、日常用品、艺术品等,全都是从火灾过后的废墟中发掘出来的,真实地展现出卑尔根作为大航海时代北欧最热闹的都市之一的城市生活,曾经的一草一木就好像活生生地在人们身边一般。

TIPS
📍Dreggsalmenning 3 ☎47-55588010 💰60挪威克朗 ★★★★

畅游北欧:挪威其他

05 托加曼尼根广场
卑尔根的中心

托加曼尼根广场是整个卑尔根的中心，四周围绕着不少传统的白色小屋，显得十分古朴典雅，是人们相约聚会的最好地点。同时托加曼尼根广场也是卑尔根最大的购物区所在地。购物区建筑大多是1916年卑尔根大火后重建的，既有传统的古典艺术性，也有一点现代气息，能看到不少出售各种当地土特产品的小商铺，绝对是选购纪念品的好去处。此外在广场上还有一处喷泉，是广场的标志性景物。

TIPS
Galleriet Shopping Mall&SUNDT: Torgallmenningen 8&14
47-55300500　卑尔根火车站步行10分钟可到　★★★★★

06 卑尔根大教堂
庄严肃穆的教堂

卑尔根大教堂始建于12世纪，哥特式风格，白墙绿顶的外观十分醒目。这座教堂在建成后曾经多次遭遇火灾，如今的建筑是1880年时重建的。建筑师们将旧时教堂的尖顶改建成为高塔，教堂的风格也从最初的洛可

TIPS
Domkirkegaten 3　47-55552000　卑尔根火车站步行10分钟可到　★★★★

可式变为了哥特式。教堂的西墙内嵌着一颗英荷战争时的炮弹，是教堂悠久历史的代表。教堂内部庄严肃穆，遍布着美丽的彩绘玻璃和圣经壁画，每年的6月至8月中旬周四中午都会有风琴演奏，让人陶醉不已。

07 卑尔根鱼市
卑尔根最著名的市场

卑尔根是挪威最大的港口城市，每天来来往往的都是捕鱼的船只，因此海鲜交易也非常频繁。卑尔根鱼市就位于一个码头旁，是市内最著名的市场之一。虽然名字叫鱼市，但不光进行水产交易，还有出售蔬菜、水果和鲜花之类的店铺。即便如此，各种水产品依然是人们关注的焦点。这里各种鱼类、贝类应有尽有，不光种类繁多，而且新鲜无比，让人买了就想痛快吃上一番。此外，除了各种鱼贝，还有鱼子酱等水产制品，作为馈赠礼品再好不过了。

TIPS
- Vagen Fish Market
- 卑尔根火车站步行5分钟可到
- ★★★★

08 汉萨集会所
旧时汉萨商人们集会之处

汉萨集会所是汉萨商人们集会的地方，他们平时在这里吃饭、开会、商议大事，是一处重要的集会场所。如今集会所内依然保留了原有的样子，特别是会议室和厨房都保存完好，可想而知当时的商人们是如何凑在一起开伙吃饭或是开会的。值得一提的是，汉萨集会所里陈列着很多当年商人们用过的东西，让人们能更好地了解那段历史。

TIPS
- Ovregaten 50
- 47-55544690
- 55挪威克朗
- ★★★★

09 汉萨博物馆
展示汉萨同盟时代的历史 赏

汉萨博物馆位于布里根区并排木屋的最前方，是过去汉萨商会的仓库所在地，建于1702年，是卑尔根最古老的建筑之一。卑尔根在14—16世纪是汉萨同盟的一员，大批的汉萨商人来到这里进行贸易，一时间商业极为繁盛。在汉萨博物馆里，人们可以回到卑尔根史上最繁荣的时期，馆内收藏了那个时代的各种商业用品，包括商人们的各种工具，还有航海运输的船舶等，这些也正是卑尔根发展的源泉和动力。

TIPS
◎ Finnegarden 1 ☎ 47-55544690 ◎ 55挪威克朗 🚌 卑尔根火车站步行10分钟可到 ★★★★★

10 卑尔根水族馆
欧洲最先进的水族馆 赏

开放于1960年的卑尔根水族馆是欧洲最先进的水族馆之一，以各种深海鱼类及北冰洋中的寒带水族生物而知名，还有海豹可供欣赏。卑尔根水族馆内有不少"明星"鱼，如一条名叫"尼基塔"的白鲟，是1964年一位名为尼基塔的渔民赠送的，50多年过去了，这条鱼依然静静地在水族馆的水槽中游曳，是水族馆里寿命最长的鱼。此外还有一条叫"摩西斯"的海鳗，25年来它的子孙已经遍及世界，是这里繁殖能力最强的鱼。

TIPS
◎ Nordnesbakken 4 ☎ 47-40102420 ◎ 150挪威克朗 🚌 乘11号巴士可到 ★★★★★

11 卑尔根美术馆
由三个馆组成的美术馆

　　卑尔根美术馆由卑尔根美术收藏馆、斯泰那森收藏馆、拉斯姆斯·迈尔收藏馆三部分组成,每个部分都各具特色。其中卑尔根美术收藏馆主要以收集和陈列挪威19~20世纪画家的作品为主,还有不少当代挪威画家的力作。而斯泰那森收藏馆内除了收集有20世纪挪威画家的250件作品外,还有毕加索、库勒等举世闻名的大家画作。拉斯姆斯·迈尔收藏馆中收藏的则是18~19世纪的美术作品,年代十分悠久,其中以蒙克的早期作品最令人瞩目。

TIPS
Rasmus Meyers alle 3,7&9　47-55568000　80挪威克朗　★★★

★ 拉斯姆斯·迈尔收藏馆
收藏众多挪威代表艺术家的作品

　　拉斯姆斯·迈尔收藏馆专门收藏一位叫拉斯姆斯·迈尔的商人的藏品,当中有不少18~19世纪挪威代表艺术家的作品,其中蒙克的几幅早期作品很受人关注,画中他的艺术风格十分明显,画中人像全都显露出孤独、忧郁、死亡的气氛,就好像那幅著名的《呐喊》一般,给人留下深刻的印象。

畅游北欧 | 挪威其他

12 自然史博物馆
展示各种自然史和文化史的收藏

 TIPS

◎ Museplass 3　☎ 47-55582920　◎ 50挪威克朗　◎ ★★★★

自然史博物馆是隶属于卑尔根大学的博物馆，于1825年建于卑尔根大学的校园内，在自然史博物馆内可以看到不少矿物和动物的标本，其中一副巨大的鲸鱼骨架标本最吸引人们的眼球，可以说是挪威这个临海国家海洋历史的写照。

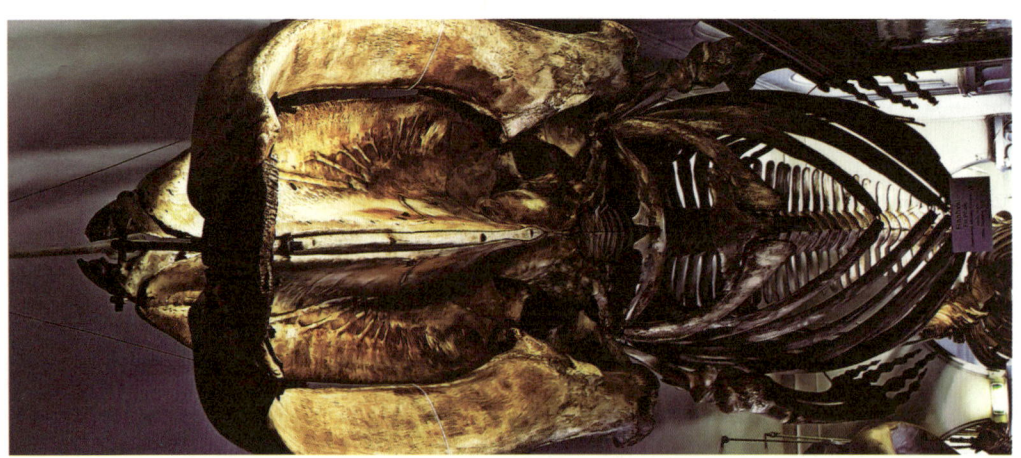

13 文化史博物馆
了解挪威的文化历史

文化史博物馆里的收藏涵盖了文化、艺术、考古学、人类学等诸多方面。该馆共三层楼，每层楼分工明确，条理分明。一楼主要收藏维京时期的文物，二楼以教堂艺术为主，三楼为各种民俗文化用品。

TIPS
Haakon Sheteligs plass 10　47-55583140　50挪威克朗 ★★★★

14 西挪威装饰艺术博物馆
收藏中国艺术品最多的挪威博物馆

西挪威装饰艺术博物馆是挪威收藏中国艺术品最多的博物馆，主要展示一些装饰艺术藏品。博物馆的建筑十分古朴，带有浓郁的北欧传统风格。馆内从一楼到二楼几乎都是来自中国的各种艺术品，如精美的佛像、石人石马、青铜器、漆雕柜等，精致无比，据说很大一部分都来自圆明园。漫步在这些充满了东方韵味的藏品中，即使身处异乡也能感受到中国文化那独特的感染力，不仅吸引了众多欧洲游客，中国的游客也慕名而来。

TIPS
Nordahl Bruns gate 9　47-55336633　60挪威克朗 ★★★★

15 老卑尔根博物馆
18—20世纪的木屋

卑尔根是一座饱经磨难的城市，曾先后遭受了数次大规模的火灾，城市的样貌在几百年中也有了很大的变化，古老的房屋逐渐退出了人们的视线。而人们并没有忘记这些老建筑，老卑尔根博物馆中就拥有50多座18~20世纪的木屋，其中既有私人住宅，也有商店和工作室建筑，这些建筑无论是外观还是内部的陈设都保持着最初的样子，在这里时间仿佛都停滞了，让人能细细品味老卑尔根的点点滴滴。

TIPS
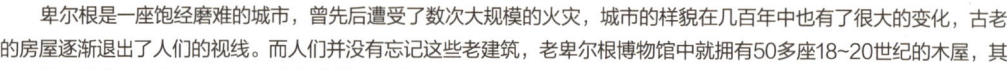
Nyhavnsveien 4　47-55394300　70挪威克朗　乘20、23、24号巴士可到　★★★★

16 弗洛伊恩山
欣赏美丽的港口景色

弗洛伊恩山是远眺卑尔根城市风光和港口景色的最佳制高点。弗洛伊恩山海拔320米，虽然不是特别高，但在卑尔根已经算首屈一指了。登弗洛伊恩山可以乘坐弗洛伊恩山登山车，这是斯堪的纳维亚地区仅有的几处登山缆车之一。登山缆车从卑尔根鱼市的山脚下出发，在倾角达26度的山坡上沿着铁轨爬行840米后来到山顶。坐在缆车上，沿途可以看到绿意盎然的树木和独具传统风格的山间饭店。来到山顶后极目远眺，壮观的峡湾风光尽收眼底。

TIPS
47-55336800　260挪威克朗　乘Floibanen缆车可到
★★★★★

17 尤里肯山
视野最开阔、景色最美的山

TIPS

🚌 乘Ulriken 643 Panorama缆车可到
⭐ ★★★★

尤里肯山是卑尔根两座较易登顶的山峰之一，但尤里肯山的视野最开阔，景色最美。尤里肯山也为游客们提供了登山缆车，从山脚出发，经过10分钟便可以来到山顶。不过人们也可以选择步行登山。尤里肯山的山路比较崎岖，有很多乱石，要登上山顶可是需要费上一番工夫的。不过登上山顶后，极目四望，远处壮美的峡湾景色和卑尔根的城市风光尽收眼底，每个人都会觉得刚才的辛苦全是值得的。

畅游北欧 : 挪威其他

18 鲑鱼中心
拉达尔村最具人气的景点之一

TIPS
Postboks 6,6886 Lardal　47-57666171　90挪威克朗　★★★★

鲑鱼中心是拉达尔村最具人气的景点之一，自1996年开业至今一直都致力于向人们介绍鲑鱼的生态和习性，并且从事鲑鱼的研究。鲑鱼中心除了通过各种图片和文字资料向人们介绍鲑鱼外，还从外面引入河水，架设长廊型的观景窗，让鲑鱼们在这里自由自在地生活。人们可以透过玻璃和这些鲑鱼近距离接触。不过鲑鱼们只有在旅游旺季才生活在观赏池，一过旅游季节就会被放归大自然。此外，鲑鱼中心还会播放一部讲述鲑鱼一生的电影，很有看头。

19 松恩峡湾
挪威最大的峡湾

TIPS
卑尔根以北　130挪威克朗　卑尔根码头乘海达路德游轮可到　★★★★★

松恩峡湾不但是挪威最大的峡湾，也是世界上第二长的峡湾。松恩峡湾全长240公里，最深处达1308米。两岸山高谷深，谷底山坡陡峭，倾角极大，险峻无比。峡湾两岸的岩层主要由花岗岩和片麻岩构成，坚硬而平整，犹如刀削斧凿一般，让人不由得赞叹大自然的鬼斧神工。松恩峡湾分出了无数支湾，其中两个分支——纳柔依峡湾和盖朗厄尔峡湾在2005年入选了世界文化遗产名录，成为全世界关注的旅游景点。

★ Borgund木板教堂
古朴典雅的木板教堂

Borgund木板教堂就位于松恩峡湾附近的拉达尔村内，是一座典型的松恩型三层结构木板教堂，也是目前挪威境内28座木板教堂中最古老的一座。教堂建于12—13世纪，逐层增高，屋顶倾斜，有点儿像东方的古代庙宇。教堂内部一派古朴典雅的风情，能看到北欧地区古老的日耳曼文字，文化内涵十分深厚。

20 夫拉姆
因为铁路而著名的小镇

夫拉姆在挪威语言中的意思是"河岸边的平地"，是一座位居松恩峡湾中的小镇，三面雪山环抱，一面临海，让人能感受到与世隔绝的奇妙感觉。小镇人口不到400，但是每年来到这里的游客却超过50万人，一年四季都非常热闹。小镇上有火车站、码头、餐厅、纪念品店、咖啡馆等旅游设施，是除了卑尔根外最适合欣赏峡湾风光的地方。除了有美丽的峡湾风光，夫拉姆铁路的大名更是如雷贯耳，很多人到这儿来就为了看一下这著名的铁路。

TIPS
🅿 Flam ☎ 47-57631400（夫拉姆游客服务中心） 🚌 奥斯陆乘火车在Myrdal站换乘火车在Flam下 ★★★★★

畅游北欧 | 挪威其他

看点 01 夫拉姆铁路博物馆　　小镇上最具人气的景点

夫拉姆铁路博物馆是小镇上最具人气的景点，它就位于夫拉姆火车站内。夫拉姆火车站位于夫拉姆铁路的最低点，这条铁路是世界标准轨距铁路中最陡峭的一段，全长20公里的铁路每隔18米就要降低1米高度。铁路博物馆里陈列了很多铁路建设时的资料和文物，有助于人们对这条铁路有更深的了解。

看点 02 夫拉姆铁路　　最引以为豪的一项工程

夫拉姆铁路是夫拉姆人最引以为豪的一项工程，往返于米达尔和夫拉姆之间。起点米达尔海拔886米，而终点夫拉姆海拔仅2米，因此铁路十分陡峭。铁路在建设时就遇到了重重困难，沿途的隧道全都是人工开辟的。虽然工程艰难，但是铁路沿线的风光却是世界一流的，让人流连忘返。

21 拉达尔村

风景优美的小镇

拉达尔村也是一座位居峡湾之中的小镇，早在150多年前，一大批挪威人因为钟情于这里的美景而定居下来，形成了如今的拉达尔村。同时他们还在村子里建起了不少酒店，如今这些酒店都拥有百年以上的历史，大多都是精美的木制建筑，是很多外来游客最青睐的美丽景物。游人们可以在小镇里轻松自在地闲逛，或是骑着自行车在年代悠久的小路上畅行，欣赏美丽的峡湾风景。此外在村子里还设有一座鲑鱼中心，向人们介绍鲑鱼的生态。

TIPS
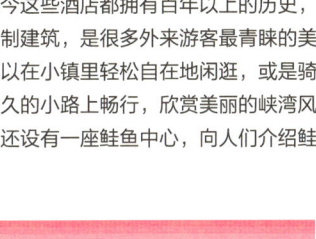

- Lardal
- 47-641207
- 乘火车在Lardal下
- ★★★★

拉达尔隧道

世界上最长的公路隧道

拉达尔隧道是世界上最长的公路隧道，全长24公里，穿越了挪威高山纵横和海湾遍布的复杂地形。据说为了建设这条隧道，光爆破就进行了5000多次。由于隧道比较长，为了防止人们产生厌倦和疲劳感，工程师们特地在隧道内设置了灯光的变化，营造出见到阳光的感觉，大大提高了在隧道内驾车的安全性。

GO!丹麦!

1 印象

概况

丹麦是北欧地区最小的国家,虽然国土面积不大,但是历史悠久,文化繁荣,特别是随时随地都能感受到童话的魅力,让人欲罢不能,因此丹麦也素有"童话王国"的美称。提到丹麦童话,就必然会提到丹麦最伟大的童话大师安徒生,他在丹麦很多城市都留下了自己的印记,到处都能见到和他作品有关的雕塑或是关于他本人的博物馆,特别是位于哥本哈根的小美人鱼塑像,已经成为了丹麦国家的象征。

地理

丹麦的国土主要包括日德兰半岛及周围443个已命名的岛屿。丹麦南与德国相邻,北与瑞典、挪威隔海相望。丹麦境内地势平缓,平均海拔为31米,最高点海拔仅173米。全国共有海岸线7314公里,海洋资源丰富。

气候

丹麦属温带海洋性气候,冬暖夏凉,十分舒适,一年四季都很适合旅游。即使是最热的7月平均气温不过15℃~17℃,年平均降水量450~750毫米,其中夏

秋两季雨水较多。每年的旅游季节一般从4月开始到10月结束,这个时期天气晴朗,温度适宜,非常适合观看一些户外表演。

区划

丹麦目前共分5个区,主要包括首都区、中丹麦区、北丹麦区、南丹麦区、西兰区,下辖98个自治市。

人口

丹麦现有人口约570万人。

2 交通

哥本哈根机场

哥本哈根卡斯特鲁普机场离市中心仅9公里,可以乘坐几种不同的公共交通往返机场。

地铁白天5分钟一班,晚上20分钟一班。从机场前往哥本哈根市中心乘地铁需15分钟,地铁站和票务台位于3号航站楼。单程票的价格为36丹麦克朗,也可选择购买旅游卡(Klippekort),详细信息可登陆哥本哈根的地铁网站搜索。

小贴士

旅行者需根据季节准备相应的服装。冬季除了需准备厚羽绒服以外,还要带手套、围巾等防寒用品;春秋季早晚较凉,也要带毛衣、夹克衫和轻便风衣等服装。任何季节,雨衣都是不可少的,结实而适于走路的鞋也是必需的。

丹麦实行夏时制。时间从每年三月的最后一个周日到10月的最后一个周日。

往来于哥本哈根机场和哥本哈根中心站

（Hovedbanegården）的列车每10分钟一班，每班约15分钟。列车由丹麦国家铁路（DSB）运营，可登陆丹麦国家铁路（DSB）网站获取预订车票的信息。

丹麦国家铁路（DSB）售票处和站台位于3号航站楼。单程票的价格为36丹麦克朗，购买旅游卡（Klippekort）后，单程票价格为18丹麦克朗。另有机场至赫尔辛格（有时又被称为埃尔西诺）、瑞典（马尔默和于斯塔德）的直达列车，还可继续前往博恩霍尔姆。

从哥本哈根机场（3号航站楼）前往哥本哈根中心还可乘坐公交汽车5A线，价格为36丹麦克朗，购买旅游卡后则为18丹麦克朗。可以在司机处直接用现金购买车票，也可以在3号航站楼的丹麦国家铁路（DSB）售票台购买车票和旅游卡。免费的班车往来于1、2、3

小贴士

儿童票和折扣卡

两名12岁及以下儿童可免费乘坐火车，前提是由一名持有有效车票的成年人陪伴。单独出行的儿童购买儿童票，至16岁为止。两名16岁以下未成年人可只购买一张成人票。

7天Flexcard

购买Flexcard后您可在7天内无限制乘坐巴士、火车及地铁穿梭于您已支付过的区域。一名成年人带两名12岁及以下儿童，儿童可免费乘坐。两名16岁以下未成年人可使用一张FlexCard。FlexCard并非实名制，因此可由不同的人在不同时间使用。

哥本哈根卡

若您计划游览多个博物馆和景点，您需要购买哥本哈根卡。有了此卡，您可自由出入大哥本哈根区的75个博物馆与景点，无限制乘坐巴士、火车与地铁，还可享受租车折扣、餐馆折扣以及景点门票折扣。此卡有成人卡和儿童卡，有效期可为24小时、48小时、72小时或120小时。

在哪里购买车票或旅行卡

您可以在大多数车站、售货亭以及1415.dk网站购买车票或旅行卡，也可通过手机购买。并可在copenhagencard.com网站购买哥本哈根卡。此外还可以向巴士司机购买车票。

购票咨询

若无法确定哪种方式最适合您的需求，请在售票柜台或您购买车票或旅行卡的地方咨询。也可以拨打以下电话：

Movia客服电话 +45-36131415
周一至周五：7:00—21:30
周末及假日：8:00—21:30
12月24日：8:00—17:00
1月1日：10:00—21:30
DSB S-tog哥本哈根轻轨：+45-33141701（每天6:30—23:00）
DSB：+45-70131415（每天7:00—22:00）
地铁客服电话：+45-70151615（周一至周五8:00—16:00）

号航站楼之间。

从哥本哈根机场乘坐出租车前往市中心的价格白天约200丹麦克朗，晚上和周末约为250丹麦克朗，价格中包含了出租车费和小费，自行车、行李等大件物品需一个外部架固定的，则收费比一般高。哥本哈根机场每个航站楼外均设有一个出租车停靠站。

丹麦铁路

成人带两名12岁及以下儿童乘坐火车，儿童可免费。12至15岁儿童可减价。16岁及以上未成年人付全价（成人价）。

建议您预订座位，尤其是带行李团队旅行时。您可以在购票时预订座位，或是稍后预订。但多数火车站都不再专设售票处，您可在车站的7-11店购买车票。

在丹麦乘坐火车可以带上自行车。您可以在买票时为您的自行车也买一张票，或单独购票。有些地方的火车也会提供免费的自行车托运服务，请向当地车站的工作人员咨询票价和安放自行车的地方。

信用卡在丹麦的使用很普遍，火车站所有售票柜台、7-11店以及自动售票机均接受信用卡。

租车

在丹麦开车相对比较安全，风景名胜和城镇之间的距离很短，是个驱车旅行的好地方。遵守丹麦的道路交通规则，开车时秉持小心谨慎的原则，这样才能享受到一个真正的定制假期。驾车旅行还能有机会前往丹麦最好的乡村，游览丹麦各地的旅游胜地，真正感受丹麦这个国家以及丹麦的生活。

出租车

丹麦遍地都是持有执照的出租车。若看到出租车顶部的灯亮着，则可以在街上招手打车。也可以选择前往城镇的出租车停靠站搭车，或者提前预订一辆，但预订出租车的价格会比在街上打车稍贵一些。

车费中通常已包含了小费。行李过大需要外部架固定的，则需支付额外的费用。大多数出租车司机会讲英文，到达目的地后会开收据。乘坐时可要求司机出示其执照号和价格表。另外，出租车费用支付可以使用现金或信用卡。

从哥本哈根机场乘坐出租车到哥本哈根市中心的价格通常为200~250丹麦克朗。

③ 住宿

快捷酒店

丹麦的快捷酒店（被称为Danhostels）适合所有人。可以根据空房情况和自己的预算，选择预定私人间、家庭间或共用宿舍。旅社的价格相当便宜，故而已成为非常受团体、背包客以及期待在假期和其他旅行者接触交流的人们欢迎的住宿选择。

一个双人家庭间的平均价格为300~580丹麦克朗，共用宿舍单个床位的平均价格为80~300丹麦克朗。入住一家旅社需要一张旅社卡，旅社卡很容易买到，请在旅社卡部分参阅更多信息。旅社分等级，以星星表示（一至五颗星），星星的数量越多表示等级越高。

住宿加早餐旅馆

住宿加早餐旅馆（Bed&Breakfast）遍布全丹麦，能够让游客体验到丹麦独有而舒适的环境。除了一些规模与小型酒店相当的，住宿加早餐旅馆一般都比较小，房间数量也少。丹麦各地的路旁都会有住宿加早餐旅馆的广告，游客可在旅途的路上选择在旅馆休息片刻。双人间的价格通常为400~600丹麦克朗。

农场度假

农场度假适于家庭度假，是目前非常受欢迎的度假方式，能让各年龄层的人们学习到新的事物。农场度假就是以食宿全包或半包的方式在一个农场的私人房间里暂住，可以参加农场的白天活动，参加各类工作帮助农场主人，学习了解小规模的农业生产。

与之相似的另一种度假体验是乡村度假。在乡村度假中，游客可以选择一间房子或一栋公寓的单独空间暂住，伙食由自己负责。如果当地农场有活动，游客也可以参加。

农场度假的价格为双人间约400丹麦克朗，早餐的价格通常为每人每天50丹麦克朗，晚餐则为100丹麦克朗。乡村度假的价格最高为一间公寓四张床一周约3500丹麦克朗。

4 丹麦品牌

皇家哥本哈根（Royal Copenhagen）

皇家哥本哈根始建于1775年，初建时被命名为皇家陶瓷工厂，这里出产的每一件商品一直都是专注于历史传统的手工制品。在哥本哈根市中心斯托罗里耶步行购物街（Strøget）的Amagertorv广场上有一家皇家哥本哈根旗舰店。这座建于1616年的文艺复兴风格建筑共有3层，是哥本哈根最古老的建筑之一。皇家哥本哈根还是丹麦宫廷的指定供应商。

地址：Royal Copenhagen Flagship Store Amagertorv 6,1160 Copenhagen K

营业时间：周一至周五10:00—18:00；周末11:00—16:00

丹麦琥珀屋（House of Amber）

丹麦琥珀屋始建于1933年，经过几代人的苦心

经营，它已经发展成为世界最古老和最顶级的琥珀首饰和艺术品供应商。琥珀也被称为北欧黄金，纵观历史，它已经成为一种人们追逐的贵重物品。在琥珀屋，你会看到世界最大的琥珀收藏，这些美丽而独特的琥珀，根据各种独特匠心的设计，与黄金、白银和钻石巧妙组合。

地址：Nygade 6,at Stroeget,DK-1164 Copenhagen K或Vesterbrogade 1A,by Tivoli 1620 Copenhagen V

营业时间：周一到周日10:00—18:00

网址：www.houseofamber.com.cn

丹麦免税购物

居住于欧盟以外地区的游客在丹麦购买商品后，有权要求索回购买该商品时交纳的增值税。退税金额一般在12%至19%，相当于增值税减去手续费后的金额。上述退税只适用于购买商品的金额超过300丹麦克朗的情况。欲了解更多关于如何进行增值税退税的信息，请登陆免税世界网站（Tax Free Worldwide website）或者丹麦环球蓝联网站（Global Blue Denmark website）。

Bang og Olufsen B&Q

Bang og Olufsen B&Q是世界著名的音响品牌，以超凡的影音效设计和技术知名，除了赢得世人对其设计的认可，更凭借其高水准的音质被很多高端汽车品牌所采用。在市区的国王新广场和Østerbrogade都有门店。

地址：Østergade 18,1100 København K

营业时间：周一至周五10:00—18:00；周六10:00—16:00

网址：www.bang-olufsen.com

哥本哈根皮草（Kopenhagen Fur）

哥本哈根皮草成立于1930年，是世界知名的奢侈品品牌，拥有世界最大的皮草拍卖行。研发新技术、探索流行趋势，在各个领域对皮草进行创新应用的尝试，从衣着服饰，到室内设计、装饰和其他领域，过硬的质量、丰富的经验，还有大量的皮草资源，让哥本哈根皮草成为世界唯一一家满载盛誉的皮草拍卖行，并通过等级鉴定和标签系统保证其最终品质。

地址：Langagervej 60 DK-2600 Glostrup

网址：www.kopenhagenfur.cn

ECCO

ECCO（中文名称：爱步）成立于1963年，是来自丹麦的鞋履品牌。其鞋类产品涵盖休闲正装系列、户外系列、运动系列、高尔夫系列和儿童系列，其他产品包括包袋配件、小皮件、鞋护产品等。

ECCO采用自上而下的营运模式——从皮革原料的生产，到设计研发和产品制造，每个环节都由ECCO直接监管。截至2017年，ECCO在全球近90个国家拥有超过14000家品牌销售点；在中国，拥有超过1000个销售点。

网址：http://cn.ecco.com

5 传统美食

丹麦甜点

闻名世界、略显黏性的美食维也纳面包（wienerbrød）最初由维也纳厨师于1840年在丹麦制作。多个世纪以来，丹麦甜点逐渐受到喜爱，现在，它们是普通丹麦人民的常备美食。

丹麦全国有各种烘焙房，您可以去随意品尝。外出游逛时，您可以感受一下著名的Cinnamon Snail或Roman Snail甜点，手指会黏糊糊的，您准备好了吗！

丹麦热狗

丹麦热狗小摊贩推着机动热狗摊往返于家和销售点，这一独特现象发生在每个早晨和夜晚。丹麦热狗小摊是一种文化体系，80多年来一直为普通丹麦人提供便利填胃餐。随着快餐竞争的出现，与数十年前相比，它们现在的数量明显少了，但您还是可以看到它们遍布各地。

亲自买一份热狗细细品味，体验一下为什么如此多丹麦人会驻足买一份热狗，然后继续前行。它当然不是高级美食菜肴，不过有另类美味。您可以随意选择配料搭配香肠和面包，例如番茄酱、芥末、经烘烤的或纯天然洋葱。

开口三明治

Smørrebrød——闻名世界的开口三明治（采用黑麦面包）最初于19世纪在丹麦首都哥本哈根市开始受欢迎。在黑面包上堆积肉或鱼，就能够有多种多样的不同组合。传统的午餐餐馆和连锁旅店，都会在午餐之前精心准备相关配菜。想品尝现代版开口三明治？推荐去伊达·戴维森的店，那里有250多种供您挑选。

哥本哈根特色餐厅

Cap Horn

作为新港口为数不多的去处，Cap Horn依旧保持其原始内饰：古老墙壁、木地板、壁炉、椅子和盘子（尽管可能不太相称），还有各种古雅小摆设，所有这些烘托出一种轻松、家庭式的温暖氛围。本地特色、环保的有机早中餐、午餐或晚餐，大厨本地取材，烹制本地特色菜肴。菜肴虽然随着季节变化而变，但餐厅没有因此而降低质量标准，依然保证食材的环保有机。

Grøften

Grøften（亦称The Ditch）拥有131年悠久而古老的传统，而且餐厅部分依旧保留原貌，是趣伏里公园内最古老、最受尊敬的门店之一。自开张以来，餐厅开设了许多分店，拥有户外用餐环境（用餐座椅摆在户外），其中包括外婆花园、杜松子酒屋。Grøften专注于制作传统丹麦菜（如果外婆在，肯定也会做）。其中最受人们喜爱的传统美食包括本土猪肉卷肠、烤猪肉以及油炸比目鱼片。Grøften在丹麦餐饮界非常有名，名人或期待成名的人经常光顾这里，希望亲眼见见名人或希望被大家熟知。在这里若有幸与某位名人擦肩，您可以畅饮一杯杜松子酒，助兴相遇——有超过12种酒可选择。

Orangeriet

Orangeriet坐落于国王公园内一道美丽风景线处，这里之前是米其林星级餐厅Geranimum；2010

年，Orangeriet在这里开业。餐厅环境惬意轻松，这里午餐推出丹麦"smørrebrød"——单片三明治，晚餐推出扇贝、鹅肝以及（大块）牛肉片。如果刚好在国王公园（Kongens Have）游玩，您可以前来点一杯咖啡，要一份甜点，享受片刻。凭借理性价位以及优质美食，Orangeriet获授《米其林指南》Bib Gourmand奖。

AOC

AOC餐厅获有一颗米其林指南（Michelin guide）星，位于哥本哈根中心区，曾是一个地下室。餐厅旨在通过刺激尽可能多的感官——形、香、音和味——向您提供终极感官体验。

美食食材主要采用北欧农产品，厨师则专注于做出纯正味道。餐厅提供4~7道菜组菜单，但您也可体验他们的"感官体验夜"，所有一切均包含在菜单中，菜数有7或10道菜。当然，还有配合菜肴的美酒单。

餐厅算不上大，一次能供40人左右同时用餐。内部装饰简单、干净、惬意；餐桌布置也不花哨，地板采用软地毯，墙壁则配以相协调的艺术作品。

Relæ

Relæ餐厅位于哥本哈根市诺来布罗区（Nørrebro），以提供真正的美食体验而闻名。Relæ餐厅是米其林一星级餐厅，位列2013年度全球最佳餐厅第50名。Relæ餐厅没有传统米其林星级餐厅提出的文化遗产要求，在传统米其林星级餐厅的动力驱动下，Relæ餐厅提供创意美食，因此它不是一家普通的美食餐厅或（提供食物的）啤酒店及小酒馆。

餐厅的厨师环游世界寻找各地美食，去往异国就餐满足其对美食的渴望。在其"纯简（no frills）"餐厅，他们想要表达的正是这种对绝棒美食的纯正热爱。另外，该餐厅的酒单中有大量优质欧洲葡萄酒。

Era Ora

Era Ora餐厅获得有米其林星，提供意大利北部最棒的美食。新鲜食材从意大利空运，所有菜肴按照悠久传统手艺制作。美酒则是顶级酿造商产的意大利葡萄酒。酒窖藏有75000瓶酒，近700个品牌。评论家一致认为Era Ora餐厅是意大利境外最好的意大利美食餐厅。来到这里请放心享用，该餐厅绝对会给您供应美食，满足您对美味的追求。

NORTHERN EUROPE GUIDE

Northern Europe
畅游北欧 ⑤

丹麦哥本哈根市政厅

哥本哈根市政厅是哥本哈根的政治中心，建于1905年，由建筑师马丁·纽阿普设计，该建筑结合了古代丹麦与意大利文艺复兴时期的风格。这里富丽堂皇、历史悠久，是游客休闲聚会的好去处。

01 哥本哈根市政厅
哥本哈根的政治中心

TIPS
- Kobenhavns Kommune Radhuset ☎ 33-662582
- 乘地铁M1、M2线在Norreport站下 ★★★★★

哥本哈根市政厅建于1905年，100多年来一直都是哥本哈根的核心，是市长的办公室和市议会所在。市政厅的建设汲取了意大利锡耶纳市政厅的特色，拥有装饰华丽的立面，阳台上方还有镀金塑像，一侧矗立有瘦高的钟楼。此外，市政厅前有一片宽阔的广场，是市民们聚会休闲的好去处。

看点01 安徒生铜像
才华横溢童话大师的雕像

安徒生铜像矗立于市政厅对面的趣伏里公园前，整座雕像完全由铜铸成，高约3米。铜像中的安徒生手持书本，静静地转头俯视着从他身边经过的熙熙攘攘的人群，似乎在汲取灵感，想把这浮华市景收入他的童话中去。每天都有不少游客经过他的身边，而且很多人都会抬起头瞻仰大师的面容，或者把手按在他的膝盖头拍照留念。

看点02 市政厅钟楼
城市中的制高点

市政厅钟楼矗立在市政厅一侧，线条直立，高105米，在建筑物普遍低矮的哥本哈根，这座钟楼是城市中的制高点。在钟楼里有一座著名的天文钟，制作非常精细，机械结构相当精密，不仅能够准确报时，还能计算行星的位置，可以显示一星期每天的名称、公历的年月、星座的运行、太阳时和中欧时及恒星时等数据，十分神奇。

看点03 市政厅广场
哥本哈根的心脏所在

市政厅广场称得上是哥本哈根的心脏所在，在广场正中有丹麦公路0公里起点标志，此后各条公路都以市政厅广场为起点，四通八达通往各方。除此之外，市政厅广场也是哥本哈根最初的商业广场，在广场上可以看到街头艺人进行器乐、舞蹈、唱歌、杂技等表演，傍晚时分会有小贩们支起摊点出售一些货物，使得整个广场热闹无比。

02 哥本哈根嘉年华
盛大而富有拉丁风情的节日

一年一度的哥本哈根嘉年华如同丹麦人的一个盛大节日，至今已经有30多年的历史。嘉年华的主会场一般都位于哥本哈根市政厅广场附近，人们会发挥自己超群的想象力，穿上各式各样的美丽衣服纵情起舞，尤其是充满了拉丁风情的桑巴舞让人们心潮澎湃，不由自主地就沉浸到这美好的场面中去。

TIPS
 Kobenhavns Kommune Radhuset 乘地铁M1、M2线在Norreport站下 ★★★★★

03 皇家哥本哈根
精美绝伦的丹麦瓷器

皇家哥本哈根全名为"皇家哥本哈根瓷器制造厂"。早在18世纪，这家制造厂就开始学习从中国传入的瓷器烧制技术，然后融入自己的独特创意，发明了现在享誉世界的"丹麦之花"瓷器。这种瓷器多用蓝色釉料，还镶嵌金边和描绘有丹麦花卉图案，让人爱不释手，是很多来丹麦旅游的人必买的纪念品。

TIPS
 Amagertorv 6 33-137181 乘地铁M1、M2线在Norreport站下 ★★★★

04 丹麦设计中心
发挥人们的创造力

TIPS
HC Andersens Boulevard 27 33-693369
55丹麦克朗 乘地铁M1、M2线在Norreport站下
★★★★

丹麦设计中心是由丹麦设计协会于1987所设立的独立组织，专门负责推进丹麦整体设计水平。设计中心所在的大楼本身就是一座充满创意的建筑，在中心里有不少创意空间，从家居设计到店面装修，将设计者的各种奇思妙想完全体现出来。即使是很小的细节，也让人感受到设计者的用心。

畅游北欧 | 丹麦哥本哈根市政厅

✱ the FLOW market&Short Cut主题展　丹麦设计中心内的永久展区之一

the FLOW market&Short Cut主题展是丹麦设计中心内的永久展区之一，整个展区被设计成一家超市的样子，各式各样的货架上摆放着空的容器，容器上贴着"好感""不要失去自我""慢活"等字样的标签。如果对某个容器上的标签有所感触，就可以花钱将其带回去，希望上面的箴言对生活有所影响。

05 新嘉士伯博物馆
丹麦人最引以为傲的世界级博物馆

赏

TIPS
📍Dantes Plads 7　☎33-418141　💰75丹麦克朗　🚇哥本哈根中央车站步行5分钟可到　⭐★★★★★

新嘉士伯博物馆是丹麦人最引以为傲的世界级博物馆，博物馆创建于1888年，百年以来规模不断扩大，成为世界知名的艺术博物馆。博物馆内以冬之花园为中心，花园左右两侧主要以18世纪法国和丹麦的雕塑作品为主，其中最引人注目的就是30多件罗丹的雕塑。花园后侧主要展示各种古文明艺术品，尤其是各种古希腊、罗马时期的作品，令人叹为观止。

看点01　Kampman展区
古代文明经典之作的集聚地

Kampman展区位于新嘉士伯博物馆的后方，是以设计新嘉士伯博物馆的设计师Kampman的名字命名的，是一片专门展出古代文明作品的展区。内容涵盖了古代埃及、苏美尔、叙利亚、波斯、伊特鲁斯坎等古文明的经典之作，还有不少来自古罗马、希腊的雕塑作品。人们穿行在这些作品中，仿佛穿越时空，回到那充满灿烂文明的时代。

看点02　French Wing展区
世界上展出罗丹作品第二多的博物馆

French Wing展区建于1996年，是嘉士伯博物馆中最新的一部分。如展区的名字所示，在这里陈列着很多法国名家的作品，如高更、德加、莫奈、梵高等人的作品，其中德加的《芭蕾舞者群像》更是展区内最知名的作品之一。此外，在展区里还展出了不少罗丹的作品，是世界上展出罗丹作品第二多的博物馆。

116

06 趣伏里公园
世界上历史最悠久的游乐园端

趣伏里公园是哥本哈根最著名的游乐园和休闲公园，也是世界上历史最悠久的游乐园之一。公园建于1843年，170多年来不知道陪伴了多少丹麦人度过他们的童年，至今依然是欧洲访问量第三高的公园。公园的正门竖立着公园创始人卡斯坦森的塑像，四周绿树环绕，环境优美。此外公园里还有适合不同年龄层的游乐设施，不管男女老少都可以玩个痛快。

TIPS
- Vesterbrogade 3, 1630 K benhavn, Danmark
- 33-750247
- 75丹麦克朗
- 哥本哈根中央车站步行2分钟
- ★★★★

看点 01 趣伏里公园烟火表演
五彩缤纷的烟火天堂

趣伏里公园烟火表演在每个周末夜晚都会举行。每当烟火表演开始时，成千上万五彩缤纷的烟火直冲天空，把空中染成了调色板。烟火组成的图案多姿多彩，让观客们眼花缭乱。在烟火发出的光影中人们翩翩起舞，那场面就好像狂欢节一般，不管是来自哪里的游客，都可以抛弃国家的界限，在一起纵情欢乐。

看点 02 木质云霄飞车
趣伏里公园最负盛名的游乐设施

木质云霄飞车是趣伏里公园最负盛名的游乐设施，这架云霄飞车于1914年建成于瑞典的马尔默，是目前世界上年代最悠久且仍然在运行的木质云霄飞车。这架云霄飞车的轨道以现在的眼光看比较简陋，速度也不能和现代化的过山车相比，但是坐在上面那独特的惊险感受却让人更加沉迷，让人体会到别样乐趣。

畅游北欧 丹麦哥本哈根市政厅

看点 03 中国元素
雍容大方的中国塔

趣伏里公园有不少中国元素，其中最著名的就要数中国塔。欧洲的中国式宝塔和国内的不同，全都是双数层，这一座也不例外。宝塔分4层，四面飞檐翘角，中国风格尽显无遗。登上宝塔，只见公园三面临水，一面靠山，风景优美。此外宝塔内层还设有中国餐厅，人们可以品尝味道正宗的中餐。

看点 04 趣伏里音乐厅
北欧最大最先进的音乐厅

趣伏里音乐厅始建于1901年，"二战"时被德军摧毁，后于1956年重建。新建后的趣伏里音乐厅更加优雅而具有现代感，纯白色的内部装饰让人感觉心灵被洗涤了一般。如今趣伏里音乐厅是北欧最大、最先进的音乐厅，时常会举办各种大型的音乐盛会，世界上很多著名的乐团都曾在这里献艺。

07 Det Gule Hus Cafe&Dining Room
好似咖啡馆的餐厅 吃

Det Gule Hus Cafe & Dining Room是哥本哈根一家知名的餐厅，鹅黄色的外观看上去就如一块大蛋糕似的。店内的设置有点像西班牙的中庭角落，带有浓郁的异国风情。餐厅的菜式除了有普通的早餐和午餐外，还提供"日餐"和"夜餐"两种菜单，来自亚洲、法国、西班牙等各国的菜肴混合搭配，很有特点。

TIPS
🏠 lstedgade 48　☎ 33-259071　★★★★

08 丹麦国家博物馆

展示深厚的丹麦历史

丹麦国家博物馆位于一座建于1744年的洛可可式宫殿内，是丹麦最大、收藏最丰富的博物馆。其中收藏了从冰河时期到维京海盗纵横四海时期的1.5万年中很多有价值的文物，如中世纪时的丹麦家具和维京海盗们所用的衣装、武器和船舶等。此外还有来自埃及、巴比伦、希腊、罗马的古老文物，藏品十分丰富。

TIPS
- NY Vestergade 10
- 33-134411
- 乘地铁M1、M2线在Norreport站下
- ★★★★

畅游北欧 丹麦哥本哈根市政厅

✱ 民俗博物馆
丹麦国家博物馆的重要分馆之一

民俗博物馆是丹麦国家博物馆的重要分馆之一，是一座露天的博物馆。民俗博物馆内展出了40座古老的、不同类型的乡村建筑，将各个时代丹麦普通农民的生活完全再现出来。穿行在这些古老的民居建筑中，浏览着当时的各种用具，好像跨越了丹麦的历史一般，让人们对当时的生活有了更深的了解。

09 哥本哈根爵士现场
老字号的爵士乐酒吧

哥本哈根爵士现场是哥本哈根老字号的爵士乐酒吧，创建于1991年。酒吧分吧台和舞池两个部分，每年7月份这家酒吧的舞池中都会举办著名的哥本哈根爵士乐节，在全世界爵士乐迷中有相当的知名度。即使是非节日期间，这里也会有很多表演节目，当然也不仅限于爵士乐，各种风格的乐曲都很让人着迷。

10 克里斯蒂安堡宫
丹麦国会所在地

克里斯蒂安堡宫是18世纪时丹麦国王克里斯蒂安六世为了满足其无穷的奢侈和贪欲,而将旧有的皇宫拆除后新造的宫殿。整座宫殿位于哥本哈根市中心的小岛上,四面被狭窄的运河包围,如今是丹麦国会的所在地,具有重要的政治意义。宫殿造型是18世纪传统的洛可可风格,内部装饰豪华精美,尽显帝王气质,让人们叹为观止。

TIPS

Christiansborg Ridebane 27 33-926492 70丹麦克朗 乘地铁M1、M2线在Kongens Nytorv站下 ★★★★★

★ 戏剧博物馆
丹麦戏剧历史代表文物的聚集地

戏剧博物馆是由过去的王家剧院改建而来,博物馆内收集了丹麦戏剧从诞生到发展的各个历史阶段的代表性文物。其中包括当时演员们使用的道具、服装、剧本等,还有不少当时著名剧作家的介绍。不大的空间内将丰富的戏剧历史完全收入进来,使得每一个参观者都倍感充实。

11 圣母教堂

哥本哈根最重要的天主教堂

圣母教堂是哥本哈根最重要的天主教堂，靠近哥本哈根的城市标志圆塔。教堂自建成以来，历经3次毁灭性的火灾，但又一次次重建起来。教堂的主体是由三段方形的建筑叠造起来的，大门口还用古希腊风格的石柱作为装饰。教堂内有丹麦著名雕塑家托瓦尔森雕塑的耶稣像和十二信徒像，给教堂增添了不少艺术气息。

TIPS

Norregade 8　33-151078　乘地铁M1、M2线在Norreport站下　★★★★

12 圆塔 赏
哥本哈根市内最具代表性的建筑

圆塔是哥本哈根市内最具代表性的建筑，是克里斯蒂安四世时期的三一教堂建筑群的一部分。圆塔高34.8米，内部拥有天文台、一个小型天象厅和教堂钟楼，与相邻的哥本哈根大学图书馆和圣母教堂一起构成了哥本哈根老城区最独特的一道风景线。圆塔对丹麦人的影响很大，很多建筑的高度都以圆塔作为标准，在安徒生的童话《打火盒》中，第三只狗的眼睛也被描述成"和圆塔一样大小"。

TIPS
- Kobmagergade 52A
- 33-730373
- 25丹麦克朗
- 乘地铁M1、M2线在Norreport站下
- ★★★★

13 尼古拉斯教堂 赏
哥本哈根第三古老的教堂

尼古拉斯教堂是哥本哈根第三古老的教堂，早在13世纪，这座矗立在海滨上的教堂就成为渔夫和水手们出海前必来的教堂。历经几个世纪的翻修和重建，教堂内融合了不同时期的建筑风格，展现出独特的魅力。直到18世纪末，教堂被一场大火毁于一旦，重建后逐渐失去了教堂的功能，而是改建成为了一处公共的艺术空间。

TIPS
- Nikolaj Plads 10
- 33-181780
- 20丹麦克朗
- ★★★★

✱ 哥本哈根现代艺廊
风格现代前卫的艺廊

哥本哈根现代艺廊是在过去尼古拉斯教堂的基础上改建而来，从20世纪初开始这里就只进行各种艺术展览。原有教堂的内部空间很大，非常适合艺术展览。艺廊内主要分三个部分，主要展示摄影艺术、装饰艺术，风格十分前卫而现代，因此吸引了很多年轻人的喜爱，同时这里还会出售一些艺术书籍。

14 哥本哈根步行街
横贯哥本哈根老城东西的商业街道

哥本哈根步行街是一条横贯哥本哈根老城东西的商业街道，东起国王新广场，西至哥本哈根市政厅广场，全长1.6公里，称得上是欧洲最长的步行街之一。在步行街两侧可以看到不少旧式的房屋，这些房屋都是一家家商店。在这里几乎可以买到任何你想要的东西，特别方便。

TIPS
 Stroget　乘地铁M1、M2线在Kongens Nytorv站下
★★★★★

看点01 阿麦广场
哥本哈根步行街的标志性景色

阿麦广场位于哥本哈根步行街的中心位置，是一处供人们休息放松的场所。广场中央有一座建于文艺复兴时期的鹳鸟喷泉，造型十分优雅，中间的雕塑极具艺术美感，是步行街上一处标志性的景色。经常有人在这座喷泉下聚会，夏天这里更是人们纳凉消暑的好去处。

看点02 阿麦广场六号
17世纪荷兰文艺复兴时期的建筑

阿麦广场六号是一座建于17世纪荷兰文艺复兴时期的建筑，灰白色的外墙和绿色的屋顶靓丽非凡。这么漂亮的建筑其实是一家商店，汇集了哥本哈根皇家陶瓷厂、乔治杰生银器厂、侯姆皋玻璃器皿公司等工艺品商店，出售各种陶瓷、银器和玻璃器，每一件都制作极为精良，好像一件件艺术品一般，让人爱不释手。

看点03 香烟博物馆
欧洲最漂亮的香烟博物馆

香烟博物馆建于1864年，位于步行街9号，号称欧洲最漂亮的香烟博物馆。博物馆除了有一小部分被开辟出来出售香烟外，其他地方都被用来展示人类的烟草文化。从最早的普通烟草，到卷烟的发明，人类的整个吸烟历史就这么展示在游客眼前。博物馆时时刻刻也都在向人们传递一个信息——吸烟有害健康。

15 石雕博物馆
雕塑大师的石雕作品

石雕博物馆是哥本哈根市内一家很有特色的博物馆，馆内的所有藏品都出自丹麦著名的雕塑家Bertel Thorvaldsen之手。这位艺术家活跃的年代属于距今200多年前的19世纪，当时正是丹麦雕塑艺术的黄金时期。Thorvaldsen一生创作了很多知名的雕塑作品，其中大部分收入这座石雕博物馆，虽然博物馆面积不大，但是藏品丰富，值得一看。

TIPS

- 2 Bertel Thorvaldsens Plads
- 33-321532
- 40丹麦克朗
- 乘地铁M1、M2线在Kongens Nytorv站下
- ★★★★

16 丹麦犹太博物馆
纪念犹太人在丹麦的经历

TIPS

- Proviantpassagen 6
- 33-112218
- 50丹麦克朗
- 乘地铁M1、M2线在Kongens Nytorv站下
- ★★★★

丹麦犹太博物馆是由17世纪建造的皇家造船厂改建而来，传统的造型和周围的国立图书馆等建筑相得益彰。博物馆内部采用了丹麦古老的戒律文字作为创意，营造出了抽象折线造型的走廊和展示空间，将犹太人1943年乘船逃亡瑞士的惊险旅程再现了出来。而丰富的色彩和曲折的流线设计更是让人们印象深刻。

17 旧股票交易中心
世界上最古老的仍在使用的证交所

TIPS
 Borsen 1　33-746000　★★★★

旧股票交易中心位于哥本哈根市中心的城堡岛上，于丹麦国王克里斯蒂安四世时期建造，是丹麦第一家股票交易所，也是世界上至今依然在使用的最古老的证交所。这座建筑采用了文艺复兴式风格，全长56米，顶部是一座4条龙盘绕的青铜尖塔，极具特色。交易中心楼下分为40个小摊位，楼上为一个大房间，每天都会进行繁忙的股票交易。

18 Georg Jensen
丹麦最著名的银器品牌之一

Georg Jensen是丹麦最著名的银器品牌之一，创办于1904年。其银器工艺举世闻名，凭借着强烈的斯堪的纳维亚风格深受人们喜爱。100多年来积累下来的精湛工艺是Georg Jensen为人们所推崇的重要原因，不光是银器，它的黄金、白金、珠宝制品也都极受欢迎，刀叉餐具、银质器皿等都堪比工艺品。

TIPS
 Amagertorv 4　33-114080　★★★★

19 救世主教堂
醒目的巨大尖顶

救世主教堂是一座巴洛克风格的教堂，建成于18世纪中期。这座教堂最受人关注的就是螺旋形的大尖塔。尖塔高90米，外部围绕着宛如螺旋状的楼梯，最高处是一个金色的尖顶。人们可以通过楼梯，盘旋着来到塔顶，从各个角度欣赏哥本哈根市内的美丽景色，不远处的大海风光也可以尽收眼底。

TIPS
- Sankt Anna Gade 29 乘地铁在Christianshavn站下
- ★★★★★

20 国立图书馆
丰富的藏书

国立图书馆位于克里斯蒂安堡对面，于丹麦国王腓特烈三世时期创办。图书馆通体为黑色，呈不规则的多边形，仿佛一颗黑色钻石，映衬着蓝天碧水而熠熠生辉。很多人来这座图书馆并不是为了借书，而是为了欣赏一下这座优美的建筑。同时图书馆内藏书量也十分丰富，很多书籍和手稿都十分珍贵。

TIPS
- Soren Kierkegaards Plads 1 33-474747
- ★★★★★

NORTHERN EUROPE GUIDE

Northern Europe

畅游北欧 ❻

丹麦小美人鱼像

小美人鱼像是丹麦的标志，是安徒生童话《海的女儿》的主角。她神情恬静娴雅，凝视着海面，思念着海底深处的亲人和人类王子，千百年来诉说着一曲人鱼恋的浪漫悲剧故事。

01 小美人鱼像
丹麦的标志

TIPS
- 哥本哈根东北长堤海滨
- 中央车站步行10分钟
- ★★★★★

小美人鱼像位于哥本哈根东北侧的长堤公园内，是哥本哈根的城市标志。小美人鱼是安徒生童话《海的女儿》中的主角，也是安徒生童话中最具悲剧色彩的人物。这座铜像为嘉士伯啤酒的创始人雅各布森捐资修建。小美人鱼坐在一块巨大的花岗石上，神情恬静娴雅，深得人们喜爱。2010年小美人鱼像曾不远千里来到上海，让我国人民也有机会一睹其样貌。

看点 02 女神喷泉
丹麦最雄伟、壮观和美丽的巨型铜雕

女神喷泉又名"神牛喷泉"，是Kastellet海滨公园内最著名的建筑。喷泉内建有吉菲昂女神的铜像，是丹麦最雄伟、壮观和美丽的巨型铜雕。铜像中女神左手扶犁，右手挥鞭，驾驭着四条巨大而健壮的神牛，正奋力耕耘。铜像下面是花岗岩构筑的喷泉，在它的衬托下，铜像显得气势宏伟，让人震撼不已。

看点 01 Kastellet海滨公园
风格古典的海滨公园

Kastellet海滨公园原本是一座星形要塞，后来要塞荒废后逐渐成为人们散步休闲和眺望海景的地方。在公园内可以见到长满了荒草的城墙，上面还有一座古老的风车，一派古典的北欧乡村景象。公园里还有不少精美的塑像，其中最著名的要数国王弗雷德里克九世的塑像，这位"水手国王"钟爱环游世界，还曾经到访过中国。

02 工艺设计博物馆
展示不同时期的工艺设计艺术

TIPS
- Bredgade 68, 1260 Copenhagen　33-185656
- 60丹麦克朗　★★★★

工艺设计博物馆位于一座洛可可风格的传统建筑内，所有的展室都围绕着中庭分布。展室中将丹麦不同时期的家具设计和工艺品按照年代展示出来，在一些具有代表性的展品背后还特地标注了生产年份和作者的名字。这些展品个性丰富，很多在市面上根本见不到，人们可以通过这些展品感受艺术家们的独特创意。

03 腓特烈教堂
大理石制成的教堂

TIPS
- Frederiksgade 4　33-150144　乘地铁M1、M2线在Kongens Nytorv站下　★★★★★

腓特烈教堂位于阿玛莲堡北侧，整座教堂以大理石为主要建筑材料，故而也被称作"大理石教堂"，建成至今已经有120余年的历史。整座教堂为巴洛克风格，仿造罗马的圣彼得大教堂而建，巨大的绿色圆顶十分醒目。这座穹顶是斯堪的纳维亚地区最大的穹顶，跨度31米，十分壮观。教堂内部十分庄严肃穆，令人震撼。

04 新国王广场
哥本哈根最具代表性的城市广场

TIPS
- kongens nytorv　乘地铁M1、M2线在Kongens Nytorv站下　★★★★★

新国王广场位于哥本哈根步行街的入口处，是哥本哈根最具代表性的城市广场。广场中心矗立着丹麦国王克里斯蒂安五世的塑像，这也是新国王广场名字的由来。广场的外形是不规则的多边形，早在17世纪哥本哈根城市扩展时，这片广场就成为连接新旧城区的重要枢纽，不少建筑兴建起来，很多名人也曾居住在周围。

看点 01 皇家剧院
曾经辉煌流行的皇家建筑

皇家剧院位于夏洛特堡宫旁，是著名的丹麦皇家芭蕾舞团的演出地。这座剧院始建于1870年，是那个时代最流行的建筑样式。1930年剧院进一步扩展，增加了一座高塔。如今皇家剧院依然是丹麦人观看各种文艺表演的首选，剧院内设施十分先进，不论是戏剧、话剧、舞台剧、芭蕾舞剧都可以完美展现。

看点 02 玛格森商场
一座巴黎风格的历史建筑

玛格森商场位于广场中部，是一座巴黎风格的建筑。这座商场已经开业了100多年，在很长时间内都是哥本哈根人购买各种商品的地方。在一大片老式建筑中，玛格森商场显得并不起眼，商场内分3层，汇集了各种旅游纪念品和日常用品，是前往哥本哈根旅游一定要逛一逛的商场。

看点 03 安徒生故居（多处）
童话之王的居住地

新国王广场和一生颠沛流离的"童话之王"安徒生有很深的渊源。他年轻时曾经在广场的酒窖街6号住过。后来他又在酒窖街上的"北方旅馆"长期租用了几个房间。再后来，安徒生又与一个摄影师一起在酒窖街17号租了两个房间。因此广场留下了很多安徒生故居。想必大师就是看着广场上的人来人往创作出如此多的童话故事的吧。

看点 04 酒窖街
哥本哈根最好的饭店之一

酒窖街就位于玛格森商场的南侧，是一条颇具历史的老街，安徒生曾经在这条街上居住。酒窖街6号是一幢很有特色的屋子，原本是中世纪建成的"汉斯国王的酒窖"，后来它的地下室被改建成为地下饭店——汉斯国王饭店。这是哥本哈根最好的饭店之一，也因为身处地下这一特色而为人们所熟知。

看点 05 皇家艺术学院
新国王广场上历史最悠久的建筑

皇家艺术学院即夏洛特堡宫，是新国王广场上历史最悠久的建筑。它是一座17世纪70年代的荷兰巴洛克式建筑，以克里斯蒂安五世的皇后夏洛特的名字命名。如今夏洛特堡宫是皇家艺术学院所在，是一座专门培养艺术家的学校，从这里走出了无数丹麦知名的画家、雕塑家。除了夏洛特堡宫外，学院里还有一处专门进行艺术展览的建筑。

05 阿玛莲堡王宫
丹麦王室最重要的宫殿

阿玛莲堡王宫是丹麦王室最重要的宫殿，现任丹麦国王玛格丽特二世就居住在这座王宫内，所以这里也被称作"女王城堡"。整座阿玛莲堡由四座几乎一模一样的建筑合并而成，形成了一个八边形的广场格局。如今王宫内开放了数间室内装潢保存完好的私人房间，也开放了展示丹麦王室多件珍藏品的克里斯蒂安三世府邸，能让人们切身感受王宫的豪华。

TIPS
📍Oster Voldgade 4A ☎33-153286 💰60丹麦克朗 🚇乘地铁M1、M2线在Kongens Nytorv站下 ⭐★★★★★

06 Cafe Petersborg
丹麦最具历史感的饭店

TIPS
📍Bredgade 76，160 Copenhagen ☎33-1250116
⭐★★★★

Cafe Petersborg是丹麦最具历史感的饭店，早在1746年就已经开始营业了。饭店里充满了丹麦的传统风貌。饭店内为木制装潢，深蓝色的桌布搭配着蓝白花的瓷器，十分淡雅。这家饭店以提供丹麦传统的家庭料理为主，每周7天都有不同的菜肴，不管什么时间来用餐都能让人有新鲜感。

07 丹麦琥珀屋
介绍丹麦的特产琥珀

TIPS
📍Kongens Nytorv 2 ☎33-116700 💰25丹麦克朗 🚇乘地铁M1、M2线在Kongens Nytorv站下 ⭐★★★★

琥珀是丹麦的特产，传说是由美人鱼的眼泪变成的，被丹麦人视作最美丽的东西。在哥本哈根有这么一座琥珀屋，说它是"琥珀博物馆"完全不为过。琥珀屋的一楼是商店，专门出售各种琥珀制品。二楼则分年代展出了不同时期的琥珀成品，并向人们介绍琥珀的形成和如何分辨真假琥珀。三楼则展出了各种精美的琥珀制品，其精致程度让人惊叹。

08 新港

感受怀古探幽的感觉

TIPS

📍 Kbenhavn K, 1051 Copenhagen ☎ 33-663366 🚇 乘地铁M1、M2线在Kongens Nytorv站下 ★★★★★

新港是一条位于新国王广场东面的运河,长约500多米。运河开凿于17世纪下半叶,随着运河的开凿,哥本哈根的交通大为改善,商业也逐渐繁荣起来。顺着运河沿岸漫步,看着运河两岸那些荷兰式的古老房屋和河中一条条木船,不难想象当年的繁华景象。运河两岸有很多露天酒吧,人们可以在酒吧里小酌一杯,抒怀古之情。

看点01 新港9号&11号 新港运河河畔最古老的房子

新港9号是新港运河河畔最古老的房子,时间可以追溯到1661年。新港9号的主人是运河开拓者巴戎的后代,这里曾经是"世界旅行者的沙滩旅馆",如今是里欧纳·克里斯蒂纳饭店和伊斯弗约德航海公司的所在地。而新港11号则留下了很多名人的足迹,包括很多著名演员、学者等,如今是丹麦著名的灯具公司——路易斯·鲍尔森公司。

看点02 安徒生故居(多处) 童话大王的居住地

安徒生曾经在新港居住过一段时间,在1834—1838年期间,安徒生居住在新港20号公寓,在那里创作出了自己第一部童话作品。1867年,安徒生搬到了运河对岸的67号公寓,并在那里度过了17年的时光。而在他生命的最后几年,安徒生搬回了新港18号,这时候他已经成为了世界知名的大人物。

09 哥本哈根歌剧院
水边建筑的代表

哥本哈根歌剧院可以说是水边建筑的代表，由丹麦著名设计师Henning Larsen负责设计。歌剧院建筑正面由宽大的玻璃和浅褐色的岩石构成，和阿玛莲堡与大理石教堂相对，三座建筑相互映衬，非常美丽。歌剧院最吸引人之处是它庞大的悬浮穹顶，悬臂长达32米，覆盖着四层的大厅，顶层还有平台，可以遥望哥本哈根海湾的美丽风光。

TIPS
Ekvipagemestervej 10　33-696969　乘地铁M1、M2线在Christianshavns站下　★★★★★

10 国立美术馆
丹麦最大的艺术品收藏所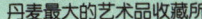

TIPS
Sølvgade 48-50　33-748494　★★★★

国立美术馆是丹麦最大的艺术品收藏所，位于洛森堡宫以北。馆内主要展出中世纪至现代的国内外作品，尤其是有很多文艺复兴时期的珍品，当中不少是历代王室搜购的欧洲各国绘画和雕塑，包括伦勃朗、鲁本斯、丢勒和毕加索等艺术大师的真迹。此外还有不少丹麦本土画家的出色作品，给人以最纯粹的艺术享受。

11 洛森堡宫（玫瑰宫） 赏
豪华气派的王宫

TIPS

 Øster Voldgade 4A, 1350 Copenhagen, Danmark   33-153286   90丹麦克朗   乘地铁M1、M2线在Norreport站下 ★★★★★

洛森堡宫位于哥本哈根北部，由被称为"建筑国王"的丹麦国王克里斯蒂安四世在17世纪初设计建造。一开始这座宫殿只有一间亭子和一片花园，后来不断扩建，最终成为现在看到的城堡。整个城堡被一条护城河围绕，北面的吊桥通向城堡的主入口。进入城堡后每个人都会被这里的奢华气派所震撼。

★ 冬屋&长厅　克里斯蒂安四世最钟爱的地方

冬屋位于洛森堡宫的北侧，克里斯蒂安四世当年最喜欢这座小屋，将自己钟爱的75幅油画珍藏在这里。长厅也是克里斯蒂安四世摆放油画的大厅，墙壁上陈列着25幅对后代有教育意义的油画。直到18世纪，当时的国王腓特烈四世改造了长厅，添加了反映战争和政治主体的绘画穹顶，使之成为欧洲最美的巴洛克风格厅堂。

12 哥本哈根植物园

哥本哈根市区的"绿洲"

哥本哈根植物园素有哥本哈根市区"绿洲"的美称，历史最早可以追溯到17世纪，当时只是一片小小的植物园，此后经过不断扩建，到1872年变为现在的规模。如今整座植物园有12个足球场大小，种植了超过13000种植物，是全丹麦之最。这些植物涵盖了各个气候带的特色花木，让人们大开眼界。

TIPS

Øster Farimagsgade 2B 33-322222 乘地铁M1、M2线在Norreport站下 ★★★★

畅游北欧 丹麦小美人鱼像

NORTHERN EUROPE GUIDE

畅游北欧 ⑦

Northern Europe

丹麦哥本哈根其他

哥本哈根是丹麦的首都,同时也是北欧最大的城市,现代化都市和历史文化名城交相辉映,散发着古老而神奇的艺术气息。哥本哈根的嘉士伯啤酒是丹麦引以为豪的商业品牌,在全世界都有着相当的知名度,不可错过。

01 嘉士伯啤酒游客中心

参观嘉士伯啤酒的发展历程

TIPS

📍 Gamle Carslberg Vej 11 Valby ☎ 33-271282 💰 65丹麦克朗 🚌 乘18、26号巴士在Bjerregardsvej站下
⭐ ★★★★

嘉士伯啤酒游客中心位于哥本哈根西南方，开放于2005年。嘉士伯啤酒是丹麦最引以为豪的商业品牌，在全世界都有相当的知名度。要进入嘉士伯啤酒游客中心，先要通过嘉士伯啤酒厂的大门，大门用红砖建成，从大门下走过就好像穿过一座城堡一般。游客中心内向人们展示了嘉士伯啤酒的发展历程，还有历届老板的平面像，让人们感受到酒厂的悠久历史。

✱ 嘉士伯啤酒厂

历史悠久的啤酒厂

著名的嘉士伯啤酒厂创建于1847年，并在1871年开始经营啤酒酿造业。啤酒厂内除了制造啤酒的车间可供人参观，还有一座嘉士伯啤酒博物馆，博物馆建立在嘉士伯旧厂房上。参观博物馆就如历经一次啤酒的酿造过程一般，再加上丰富的资料，让人们对啤酒的酿造有了深刻的了解。

02 哥本哈根市博物馆
了解哥本哈根的历史

TIPS
Helsingrsgade 65, 3400 Hillerd
48-243448 ★★★★

如果想要了解哥本哈根这座城市的历史，哥本哈根市博物馆是最好的选择。这座博物馆建于1797年，见证了哥本哈根各个历史时期。博物馆通过各种图片和实物资料介绍了哥本哈根这座城市的发展历程。同时在博物馆里还有自行车展，通过各个时期的自行车向人们展现了哥本哈根自行车城的独特魅力。

03 Radisson SAS Royal Hotel
哥本哈根条件最优越的饭店

Radisson SAS Royal Hotel是哥本哈根条件最为优越的饭店，由丹麦著名设计师Arne Jacobsen所设计。饭店地理位置临近趣伏里公园和哥本哈根火车站，无论是游玩还是出行都十分方便。饭店内的客房设施完备，条件优越，甚至还有蒸汽浴室、按摩理疗和私人健身房等设施。住在这样高级的饭店里，简直是一种享受。

TIPS
Hammerichsgade 1 33-426000 中央车站步行可到 ★★★★

04 路易斯安那美术馆
超现实主义和抽象主义艺术的殿堂

路易斯安那美术馆位于哥本哈根北部的宏柏克湖畔，这里水天一色，满目绿茵，环境十分优雅。美术馆内的藏品以第二次世界大战后的抽象主义以及超现实主义作品为主，包括有考布阿画组和结构主义画派的作品，此外还有一些战后雕塑作品等，都是最受关注的藏品。有时美术馆内还会举行毕加索等大师的画展。

TIPS
🏠Gl.Strandvej 13,3050 Humlebak ☎49-190719 💰95丹麦克朗 🚃乘Re灰线火车在Humlebak站下 ★★★★

05 菲登斯堡宫

优雅开放的宫殿

TIPS

📍Slottet 1，3480 Fredensborg　☎48-260439　💰50丹麦克朗　🚆乘S-tog在Hillerod站换乘Privatbane 930R在Fredensborg站下　⭐⭐⭐⭐⭐

菲登斯堡宫是18世纪丹麦国王腓特烈四世时期所建，当时这位国王深深喜爱着伊斯鲁姆湖的秀丽风光，同时感到自己所在的腓特烈堡宫实在是太小了，于是就在伊斯鲁姆湖畔兴建了菲登斯堡宫。菲登斯堡在当地语中的意思是"和平之堡"，因此也被称作"和平宫"。菲登斯堡宫给人的印象是优雅、开放，没有城堡的阴沉感觉，显得阳光明媚，秀丽多姿。

✱ 花园

怦然心动的法式花园

来参观菲斯登堡宫的人一定不能忘记参观环绕着宫殿的大花园，花园以宫殿为中心，道路呈半星状展开，通向伊斯鲁姆湖畔。整个花园是按照法式风格修建的，可以看到高大的榉树和修剪整齐的花圃，还有掩映在绿树红花中的雕塑和石碑。置身于花园中，会让人几乎忘记来参观菲斯登堡宫的初衷，而完全被这片花园所打动。

06 腓特烈堡
国王的行宫

赏

TIPS

📍Frederiksborg Slot,3400 Hillerod　☎48-260439　💰60丹麦克朗　🚇乘S-tog在Hillerod站下　★★★★★

腓特烈堡最早成为国王的行宫是在16世纪的腓特烈二世时期,后来克里斯蒂安四世大兴土木,将腓特烈堡的规模进一步扩大,成就了现在的样子。腓特烈堡占地范围覆盖了三座岛屿,其中北岛上建有国王厅、王后厅、王子厅和王家教堂,是国王的主要活动场所,其他两座小岛建有供大臣和贵宾们使用的建筑,三岛之间通过石桥相连。城堡气势恢弘,内部奢华壮丽,尽显王室风范。

看点 01 丹麦国家历史博物馆
文物众多的历史博物馆

丹麦国家历史博物馆是在原有的腓特烈堡博物馆的基础上建成的。腓特烈四世国王搬往菲斯登堡宫后,腓特烈堡就被改为博物馆。馆内收藏有大量珍贵文物和表现丹麦历史重大事件的油画、著名人物肖像等艺术珍品。特别要提的是有一架考姆伯钮斯管风琴,制于1610年,是丹麦最古老的管风琴之一,由1001根木质风管构成,迄今仍可弹奏,十分珍贵。

看点 02 Slotskirke教堂
北欧艺术的经典之作

Slotskirke教堂在17—19世纪一直都是丹麦国王加冕的场所,同时也是骑士教堂,因此在教堂内能看到不少代表骑士的盾牌标志。教堂内的主色调是白色,点缀着五颜六色的装饰和镶金的边框,就好像丹麦著名的"丹麦之花"瓷器一样细腻典雅。身处教堂之内能感受到北欧特有的艺术魅力。

看点 03 | Riddersal大厅
曾经富贵奢华的舞厅

Riddersal大厅位于Slotskirke教堂上方,是克里斯蒂安四世的舞厅,后来遭受火灾而被焚毁,修复后成为今天的样子。站在这座大厅里,很容易让人联想到当时那歌舞升平的景象。墙上挂满了巨幅挂毯,室内随处是精美的浮雕和装饰,奢华高贵的氛围扑面而来。

看点 04 | Haven花园
优雅宁静的巴洛克风格花园

Haven花园是一座多边形的巴洛克风格花园,是腓特烈四世邀请名家Johan Krieger设计兴建的。后来在一次大火中整座花园毁于一旦,此后长时间内这里一直都荒芜着,直到1996年哥本哈根为了庆祝入选欧洲名城才被重建。如今花园里依然保持着过去那种优雅宁静,让人不禁沉迷其中。

07 | 阿肯美术馆
现代艺术的汇集地

赏

TIPS
Skovvej 100,2635 Ishoj 43-540222 85丹麦克朗 乘S-tog在Ishoj站换乘128号巴士在Arken站下 ★★★★

阿肯美术馆是一座现代风格浓郁的美术馆,美术馆建筑本身就是一件精美的现代工艺品,造型充满了想象力,给人以深刻的印象。馆内主要以展示丹麦和北欧地区的现代派艺术作品为主,大多数作品都是在1990年前后所作,包括照片、雕塑和装饰艺术等。这些作品主要探讨了人在社会中的地位及对新材料的艺术使用这两个主题,极具艺术价值。

畅游北欧 丹麦哥本哈根其他

NORTHERN EUROPE GUIDE

畅游北欧 ❽

Northern Europe

丹麦阿胡斯

阿胡斯是丹麦的第二大城市，天主教主驻教地，历史悠久，不仅具有典型的欧洲田园风光，也是著名的海滨度假胜地。阿胡斯虽然不大，却有许多高等学府，包括牙科学院、音乐学院、社会学院、旅游学院、建筑学院、技术学院和阿胡斯大学等。

01 市政厅
拥有重要历史意义的市政厅

TIPS
Radhuspladsen 2　89-402000　★★★★

在欧洲有很多值得一看的市政厅，它们或是建筑华美，或是拥有重要的历史意义，阿胡斯的市政厅就属于后者。这座市政厅是德国包豪斯风格，由著名建筑师Arne Jacobsen设计，外表看上去并不奢华。市政厅内部并没有采用大面积的石制地面，而是铺设了木地板，同时通过大片玻璃使阳光很容易照进室内。此外，在市政厅旁还有一座高塔，既可以报时又可以防御报警。但高塔建成后备受争议，很多人认为它破坏了市政厅原有的景观。

02 维京文物馆
丹麦最完整展示维京时期文化的博物馆

维京文物馆坐落在一片密林中的庄园之内，是丹麦展示维京时期文化最完整的博物馆。阿胡斯这座城市最早就是维京人聚居的地方，因此维京文化也是这座城市的特色。在维京文物馆的后侧有几幢按照旧时维京风格修建的屋子，有的是木造的半地下屋舍，可以用来调节冬夏时节的温度；有的则是半圆形的棚子，用茅草覆盖，显得很简陋。在文物馆里也有很多维京时期遗留的文物，包括维京人使用过的武器、生活用具、船等，让人大开眼界。

TIPS
St.Clemens Torv 6　89-421100　★★★★

03 圣母教堂
古色古香的教堂
赏

圣母教堂的前身是一座由西班牙传教士修建的修道院，同时也担负收容病人的责任。教堂外观为红墙绿顶，显得古色古香。教堂内最大的特色就是位于祭坛上的耶稣被钉十字架像，这座耶稣像仿佛复制于古罗马时期的作品，十分精美。同时圣母教堂的祭坛和其他教堂截然不同，所有塑像的表情都显得十分愁苦，即使是头顶光环的圣人也是如此，至于为何如此至今依然是个谜。1956年教堂进行整修时，意外发现了一座11世纪的地下石造教堂，也成为教堂最大的看点。

TIPS
Vestergade 21　86-121243　★★★★

★ 地下石造教堂
北欧地区目前发现的最古老的石造教堂

位于圣母教堂地下的石造教堂是1956年翻修教堂时意外发现的。这座石造教堂建于11世纪，是北欧地区目前发现的最古老的石造教堂。教堂后方十字架上的耶稣身着维京人的服饰，显得十分特别，也从另一个角度证明早在1000年前北欧地区就已经有了基督教信仰。

畅游北欧 丹麦阿胡斯

04 阿胡斯美术馆
五彩缤纷的空中走廊

阿胡斯美术馆完全可以用"五彩缤纷"来形容,让人印象最深的当属美术馆的屋顶。屋顶是一条圆环式空中走廊,直径52米,高3.5米,有一部分还位于外墙之外。这道圆环呈现出彩虹的颜色,七种颜色相互映衬,就好像一道彩虹划过阿胡斯的天际,站在不同的角度可以看到不同的色彩,非常壮观。每天都有人长时间站在走廊之中,通过不同颜色的玻璃往外眺望这座城市,整个城市看起来就好像一件艺术品一样。将城市作为艺术品收入,只怕世界上再也没有这样的美术馆了。

TIPS
Aros Alle 2　87-306600　95丹麦克朗　★★★★

05 国立露天博物馆

阿胡斯最古老的城区

国立露天博物馆也被当地人称作"旧城",是阿胡斯最古老的城区。进入国立露天博物馆,就好像一脚踏进了中世纪的北欧。博物馆里并列着70多座木桁架屋,这种房屋的最大特色就是梁、柱等木质架构全都露在外面,是中世纪时期丹麦最常见的建筑样式。这些建筑里有面包房、酿酒工场、戏院、鞋店等,还有专门的演员扮演当时的人,过着平静的生活,让人真的以为穿越到了过去。有时候这里还会举行盛大的活动,和游客们一起狂欢。

TIPS
Viborgvej 2　86-123188　100丹麦克朗　乘3、14号巴士在Viborgvej站下　★★★★★

★ 节庆市集
露天规模盛大的市集

每年的圣诞节和复活节,露天博物馆里都会举行规模盛大的市集。人们按照中世纪的方式,将出产的各种货物拿出来出售,并且和来访的游客一起过节。集市期间,博物馆就好像一座热闹的小村庄一样,人们载歌载舞,一起狂欢。餐厅里还会提供按照中世纪方法制作的食物,值得一尝。

06 阿胡斯大学
丹麦第二大大学

阿胡斯大学创办于1928年,是丹麦历史悠久、规模最大的综合性大学。该校位于一处峡谷之中,四周巨石成堆,遍植橡树。在这风景如画的环境中,学校被一道黄色的墙壁所包围,非常夺目。目前阿胡斯大学内分人文、保健科学、社会科学、神学、科学、农业科学、环境研究、商学、教育学等学院,有在校学生44000多人、教职工8500人。此外阿胡斯大学还积极与国际接轨,每年都会接收大量的外国留学生,其中也包括不少中国学生。

TIPS

Nordre Ringgade 1　89-421111　乘3、11号巴士在Arhus Sygehus Norrebrogade站下　★★★★

07 市立博物馆
展示阿胡斯的古老魅力

TIPS

Carl Blochs Gade 28　86-132862　30丹麦克朗　乘3、17号巴士在Banegardspladsen,Arhus C站下　★★★★

阿胡斯市立博物馆是展示这座古老城市历史的地方。与其说它是博物馆,不如说是一座城市文化历史展览馆更为合适。在博物馆一楼大厅里设有视听区,通过各种照片、视频展现阿胡斯城市的发展和变化,有诸如1941年市政厅落成时的庆祝海报等富有意义的物品,以及城市大事记和珍贵历史文物,让每个人都能了解城市的深厚历史。除此之外,在博物馆里还设有气氛悠闲的咖啡厅,人们可以一边品着咖啡,一品欣赏外面的绿草坪,十分惬意。

08 阿胡斯大教堂

阿胡斯历史最悠久的教堂

赏

阿胡斯大教堂是阿胡斯历史最悠久的教堂，始建于1201年。整座教堂是古罗马式风格，高大雄伟，同时也兼具防御设施的作用，高大的建筑往往可以起到阻吓敌人的效果。教堂正中间的高塔高101米，是阿胡斯的制高点，尖顶直冲云霄，十分壮观。教堂内部有很多精美的壁画，内容多为宗教传说，如圣乔治屠龙等传说故事。这些壁画在宗教改革期间被人用白灰涂掉，但是近年来又重见天日，让人们得以一睹这些宗教艺术的真容。

TIPS

Store Torv 1　86-205400　★★★★

09 莫斯格史前博物馆

保存和展示丹麦史前时代与维京时代的文物

赏

TIPS

Moesgard Alle 20,8270 Hojbjerg　89-421100　60丹麦克朗　巴士总站乘6号巴士在Moesgard Museum站下　★★★★

莫斯格史前博物馆坐落于一座林间庄园内，主要职能就是保存和展示丹麦史前时代与维京时代的文物。同时博物馆还和阿胡斯大学合作，在考古学、人类学和语言学上都有深入研究。博物馆里最引人注目的一件展品当属在丹麦Jutland地区挖掘出来的男性木乃伊，距今已经有2000多年历史，据说是当时用来祭祀的牺牲品。木乃伊以玻璃展示柜的形式放置在馆内，人们可以隔着玻璃和它作近距离接触，这种跨越2000年时光的交流，感觉十分奇妙。

畅游北欧　丹麦阿胡斯

NORTHERN EUROPE GUIDE

Northern Europe

畅游北欧
9

丹麦其他

丹麦有很多古老的教堂显示出浓郁的北欧风格,还有很多大航海时期留下的种种烙印,使得丹麦历史文化更加深厚。丹麦童话大王安徒生的故居、博物馆、公园以及那些美丽的童话,更是让这片土地如梦如幻。

01 赫尔辛格旧城
浓郁的北欧传统风情

赫尔辛格是一座拥有悠久历史的丹麦老城,和瑞典的赫尔辛堡仅隔一道海湾,自古以来就是接纳四方航船的重要港口。如今在赫尔辛格老街街头,人们依然还能看到大航海时代所留下的种种烙印。旧城区里到处都是古老的传统小屋,很多老屋上还写着建造年代,这些数字让人体会到历史的味道。虽然不能进入这些屋子参观,但是仅观赏外观也让人兴趣盎然,有的屋子外面的装饰品,据说在旧时是为了吸引路过的水手沾花惹草而设,十分有趣。

TIPS
🚌赫尔辛格火车站步行5分钟可到　★★★★★

02 圣玛利亚教堂
赫尔辛格城内最古老的教堂

圣玛利亚教堂建于1430年,是赫尔辛格城内最古老的教堂,也是中世纪晚期建筑中难得的佳作。教堂用红砖砌成,古色古香,细节设计上有不少精美的饰物,显现出浓郁的北欧风格。教堂大厅正中悬挂着一条古船,凸显出赫尔辛格这座海港城市的风貌。教堂里还有一座管风琴,据说是17世纪著名管风琴家迪垂克所用过的。此外,在教堂旁还有一座卡玫丽特修道院,是北欧最美、保存最好的修道院,如今已经成为救济院和养老院。

TIPS
📍Sct.Annagade 38　📞49-211774　★★★★

03 罗斯基尔宫殿
丹麦国王克里斯蒂安六世的行宫

罗斯基尔宫殿曾是丹麦国王克里斯蒂安六世的行宫。宫殿建于18世纪,黄色的外墙简朴大方,宫殿内的布局也十分简约。在大门入口处,能清晰地看到马车车轮的痕迹,让人感受到厚重的历史感。目前宫殿内已经被改造成了罗斯基尔现代艺术博物馆,专门展出各种抽象的现代艺术作品,和传统的宫殿建筑风格形成了鲜明对比。博物馆内并没有固定的展品,展览主题也会常年变化,为当代年轻艺术家提供了展示他们艺术才情的空间。

TIPS
 Standertorvet 3D　46316570　40丹麦克朗　★★★★★

04 维京博物馆
历史悠久的维京海盗船

罗斯基尔曾是丹麦第一个首都所在地,因此历史文化十分深厚。在罗斯基尔也有一座维京博物馆,展现了这座城市在维京时期的历史风貌。早在1957年,人们在罗斯基尔海湾发现了5条维京海盗船,其中2条为战船,2条为商船,另外1条为渡船或渔船。人们围绕这5条船建起博物馆,故而这里也被称作"海盗船博物馆"。博物馆内除了展出这五条船外,还有不少木器、金属器皿、皮革和纺织制品等,据说都是当时维京贵族的陪葬品,极具艺术价值和考古价值。

TIPS
 Vindeboder 12　46-300200　100丹麦克朗　乘216、607号巴士可到　★★★★

05 克伦堡

《哈姆雷特》的背景地

TIPS

📍 Kronborg 2C　☎ 49-213078　💰 95丹麦克朗
⭐ ★★★★★

耸立在赫尔辛格的克伦堡巍峨雄伟，气势森严，是欧洲文艺复兴时期最重要的城堡之一，也是莎士比亚著名剧作《哈姆雷特》最早、最著名的背景地。克伦堡建于16世纪，是当时的丹麦国王腓特烈二世修建的。后来克伦堡毁于一场大火，直到1631年才由克里斯蒂安四世依原样重建而成。此后克伦堡逐渐从王宫演化成为军事要塞，军事意义愈加浓厚，因此也留下了不少军用设施。城堡用岩石砌成，褐色的铜屋顶，十分壮观，震撼着每一个前来参观的游人。

看点 01 炮台
重大节庆日的历史见证者

在历史上克伦堡曾经被瑞典人攻占,里面的财宝和艺术品被洗劫一空,因此后来的丹麦国王克里斯蒂安五世大力强化城堡的防卫功能。克伦堡外墙上的加农炮台就是那个时候修建的,如今依然停放着数座大炮。每到重要的节庆日,这里都会鸣响礼炮进行庆祝,尤其是当丹麦王后生日的时候,礼炮数更是多达27响。

看点 02 展览室
莎士比亚小说《哈姆雷特》的背景地

展览室主要位于克伦堡二楼,这里就是莎士比亚小说《哈姆雷特》的背景地,在263—265号展示室中陈列着《哈姆雷特》剧中使用的戏服。每年夏天这里都会上演《哈姆雷特》的戏码,每年由不同的剧团进行表演。201、203—207号展示室以前是腓特烈二世夫妇的会客厅和卧室,展出了16、17世纪的家具等物品。

看点 03 宴会大厅
精美华贵的宴会大厅

宴会大厅位于城堡宫殿的三楼,整个大厅长62米。原本四面的墙壁上都挂有精美的绘画,都是腓特烈二世的收藏品,但是在和瑞典的一次战争中克伦堡被攻占,几乎所有的绘画都被掠走,仅存一幅以瑞典国王向丹麦女王俯首称臣的那段历史为主题的画。在大厅正中复原了苏菲皇后的嫁衣,这件衣服上镶嵌了3000颗珍珠,华贵非凡。

看点 04 教堂
金碧辉煌雕工精湛的教堂

克伦堡的教堂是唯一躲过了1629年大火、幸存下来的建筑,教堂金碧辉煌,正门上有精美的雕像,上方是摩西,下方是所罗门王和大卫王,雕工极为精湛。走进教堂,会发现教堂内每一张座位旁都绘有王室的标记,证明曾为王室成员专用。最前方的右手边座位就是腓特烈二世国王的宝座。

06 奥丹斯安徒生故居
安徒生的出生地

TIPS
📍 Munkemollestrade 3-5　📞 65-514601　💰 25丹麦克朗
⭐⭐⭐⭐⭐

奥丹斯是安徒生的出生地,安徒生于1805年出生在奥丹斯的贫民窟,他在这里度过了童年时光,直到14岁时离开了故乡。据说安徒生小时候,他的祖母就在这座房屋内为他讲述各种有趣的故事,这也成为他后来创作童话故事的源泉。如今安徒生故居依然保持着200多年前的样子,黄色的外墙简单优雅,屋子里摆放着他曾经使用过的家具和生活用品,同时还有不少图片和文字资料向人们介绍这位童话作家的坎坷一生。

07 安徒生博物馆
展现安徒生的一生

位于安徒生故居旁的安徒生博物馆是为了纪念安徒生诞生100周年而建的，此后分别在1939年与1975年两次扩建。如今的安徒生博物馆共有18个展室，前12间按照时间顺序介绍安徒生的生平事迹和他的重要作品，其中第11间是一个圆柱形大厅，里面展示了8幅介绍安徒生一生的画作。博物馆的第13到18间则为图书馆、录像录音播放室及安徒生著作国内外版本陈列室。陈列室内展出了各种语言翻译的《安徒生童话》，其中自然包括中文版本。

TIPS
 Bangs Boder 29　65-514601　60丹麦克朗　★★★★★

08 安徒生公园
各种充满童趣的雕塑

安徒生公园位于奥丹斯的市中心、奥丹斯河中间的一座小岛上，公园中央竖立着一座1888年建造的安徒生铜像。整个公园按照安徒生的童话世界营造出宁静优雅的氛围。一条小河从公园中穿过，沿河随处都能看到根据童话故事设置的雕塑。如有《野天鹅》里艾丽莎睡在11只天鹅背上、飞向天空的雕塑。还有一座青铜海马雕塑，它的前腿翘出水面，腿上长着鱼鳍，高昂马头，张嘴喷吐出细雾般的水沫，马屁股上还有一条巨大的鱼尾巴，是童话中非常有名的角色。

TIPS
 乘1002号巴士在København H站下 ★★★★

09 罗斯基尔大教堂

罗斯基尔市的标志建筑

罗斯基尔大教堂是罗斯基尔市的标志建筑,建于12到13世纪,是北欧地区第一座用砖砌成的哥特式教堂,据说修建时一共用掉了3万块砖。教堂外观红墙绿顶,两座高耸入云的尖塔十分显眼,建筑线条流畅优美,是一件难得的建筑艺术品。罗斯基尔大教堂的另一大重要意义是作为丹麦王室的墓地所在,丹麦历史上著名的哈罗德蓝牙王、玛格丽特一世女王在内的丹麦国王都安葬在这里,甚至连俄国皇后玛丽亚·费奥多萝芙娜也曾经葬于此地。

TIPS
Gullandsstrade 15　46-351624　25丹麦克朗
★★★★★

看点01 金色木雕祭坛
教堂内最美的景点之一

金色木雕祭坛是教堂内最美的部分,祭坛位于教堂的正中央,三面舒展开来而且通体镀金,金碧辉煌。祭坛上精心雕刻着介绍耶稣一生的浮雕,一块块浮雕讲述着耶稣经历过的重大事件,雕工十分精细,艺术感十足,让人叹为观止。

看点02 王室墓地
风格迥异的王室墓地

王室墓地围绕着教堂而设,是安葬历代丹麦国王的地方,包括蓝牙王、玛格丽特一世等知名国王的墓地都位于这里。每个墓室按照国王的喜好风格设计各有不同,比如腓特烈二世的墓室就绘满了文艺复兴时期的壁画,墓旁站有卫兵和女子的塑像;而克里斯蒂安四世的墓室周围则是风格简约的壁画和十分精美的浮雕。

10 罗斯基尔Galleri NB艺廊
精美的玻璃工艺品

TIPS

 Vindeboder 1　46-326108　★★★★

罗斯基尔Galleri NB艺廊位于维京博物馆附近，建筑看上去有点像工厂的厂房，内部也没有多少装饰，简单明快。艺廊内单独开辟出了一处玻璃工作室与展示区，其余地方则是以陈列丹麦艺术家的艺术作品为主。玻璃工作室里每天都有玻璃艺术家在吹制玻璃工艺品，人们可以欣赏一件工艺品的诞生过程。同时展示区内也陈列着五光十色的玻璃工艺品，既有杯子、盘子这样的日常用品，也有大型装饰品，种类繁多，让人大开眼界。

11 奥丹斯大教堂
奥丹斯最著名的建筑之一

TIPS

 Klosterbakken 2　66-120w392　★★★★★

奥丹斯大教堂是奥丹斯最著名的建筑之一，整座教堂是哥特式风格，线条流畅，气势恢弘。这座教堂是为了纪念丹麦国王卡努德四世而建。这位国王因为在丹麦大力推广基督教，死后被封为圣人。教堂内设有他的墓室，因此15世纪时这里也被北欧人视作圣地，至今经常有人前来朝圣。教堂内庄严肃穆，内部装饰精美，充满了艺术感。

12 伊格斯考夫堡
欧洲保存最好的文艺复兴风格的水边城堡

TIPS

 Egeskov Gade 18,5772 Kvarndrup　62-271016　150丹麦克朗　乘920号巴士在Egeskov Gade站下　★★★★★

伊格斯考夫堡位于丹麦第二大岛菲英岛南部，建于16世纪，是欧洲保存最完好的文艺复兴风格的水边城堡。当时丹麦爆发内战，贵族们均将自己的城堡修筑得如防御工事一样。这座城堡采用橡树桩基，建造在一个小湖边上，最早人们只能通过走吊桥进入城堡，而且据说为了打造这些橡树桩基，耗费了一片树林，因此城堡也被别称为"橡树林"。城堡内构造精密，拥有完备的防御设施，而城堡花园则被开辟成博物馆，收藏了很多精品。

畅游北欧　丹麦其他

163

✳ 博物馆　历代城堡主人收集品的聚集地

博物馆位于城堡花园中,展示历代城堡主人收集的玩具、老爷车、直升飞机、娃娃等九大类藏品。这些藏品数量十分庞大,光老爷车和机车就有数十辆之多。不过博物馆内最受人们瞩目的还是要数娃娃屋,娃娃屋里收藏了1902—1965年德国和丹麦娃娃屋中所有的配件,并把它们都挂在墙上,如一个女孩子的房间一般,既好看又可爱。

13 SAS Radisson H.C Andersen 住
以安徒生名字命名的饭店

　　SAS Radisson是丹麦著名的连锁酒店,位于奥丹斯的这座酒店却和其他地方的有所不同。酒店以安徒生的名字命名,在这里也随时随地能看到安徒生的影子。酒店大门口竖立着安徒生的塑像,大门两侧则并排站立着小美人鱼等童话中的知名人物。而在酒店走廊里也都能看到安徒生童话故事的剪影,使得整座酒店就好像一个童话世界一般。酒店里的设施也是一流的,人们可以很方便地进行日常用餐、休闲娱乐等,是每个到奥丹斯的游客的住宿首选。

TIPS

 Claus Bergs Gade　☎66-147800　★★★★

14 里贝大教堂

充满悲伤氛围的教堂

TIPS

🏠 Torvet 15　☎ 75-420619　🚃 里贝火车站步行大约10分钟　★★★★

里贝大教堂修建于1130年，几乎见证了里贝这座城市的所有历史。最早时教堂是使用石英岩、砂岩和花岗岩砌成，看似十分坚固，但在1283年圣诞夜那天却意外坍塌，致使数百名正在进行祈祷的信徒不幸丧生。如今教堂中还保留着不少当时崩塌的痕迹，如正殿右边因为崩塌而损坏的国王使者塑像，塑像的手、鼻都已经残缺不全，似乎在诉说着当年这段悲剧的历史。除此之外，正殿四面的墙上描绘有精美的壁画，色彩强烈，为古老的教堂增添了一丝生机和活力。

★ 钟塔　里贝大教堂的标志

钟塔是里贝大教堂的标志，也是1283年圣诞节那场悲剧的幸存之物。1300年，里贝人民集体捐资整修了这座高塔，从此这座塔就有了"人民之塔"的美称。大钟塔至今依然是里贝的制高点，登上塔顶，可以很轻松地遥望整个古城风貌。

15 里贝维京博物馆

展示里贝深厚历史的博物馆

TIPS

Odins Plads　76-163939　60丹麦克朗　里贝火车站步行2分钟可到　★★★★★

里贝维京博物馆是一座展示里贝深厚历史文化的博物馆。早在公元8世纪,里贝就作为丹麦最古老的城镇之一而成为维京人的中转站,博物馆现在的位置就是过去维京人的市场。博物馆里展出了当地的土层断面,游客可以看到维京人长年累月扔掉的厨余垃圾的化石,可以想见当时这里的繁荣。此外,维京博物馆里还收藏有丰富的文物,时间上跨越了维京时期和中世纪,将当时的生活场景按比例用模型的方式再现出来,展出当时的世间百态。

16 Dagmar饭店

古色古香的饭店

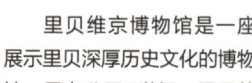

Dagmar饭店是一座古色古香的饭店,位于一座经过精心布置的16世纪的古老建筑中,和里贝大教堂相对。酒店内的客房都采用了古典装饰,放置有仿古风格的家具和精美的传统绘画,让人感觉身处中世纪时期一般。但是客房内的设施一点也不陈旧,全都是最现代化的,有迷你吧、吹风机、平板电视和免费无线网络等,习惯了现代生活的人住在这里一点也不会感觉到不便。此外,饭店的餐饮服务也十分到位,各种美味的饭菜让人们赞不绝口。

TIPS

Torvet 1　45-75420033　里贝火车站步行10分钟可到　★★★★

17 乐高乐园
用积木搭出来的公园

丹麦小城比隆是世界著名的乐高玩具总部所在地,也因为设立在这里的乐高乐园而闻名世界。公园里最让人惊讶不已的是,所有的建筑都是用一块块乐高积木堆起来的,总共花了4450万块乐高积木。这些乐高建筑包括世界各地的城市微缩景观和世界知名建筑,如自由女神像、国会山、埃及的法老墓地、莱茵河畔的城堡、阿玛莲堡宫和新港等,个个惟妙惟肖,让人惊叹。此外还有用积木搭建的童话场景,不由让人赞叹丹麦不愧是童话王国。

TIPS

📍Nordmarksvej 6,7190 Billund ☎75-331333 💰275丹麦克朗 🚌哥本哈根中央车站乘LYN或IC火车在Vejle站换乘244号巴士在Legoland站下 ★★★★★

看点 01　哥本哈根新港　　乐高乐园中微缩景观的代表作

哥本哈根新港是乐高乐园中微缩景观的代表作，整个景观使用了350多万块积木，仿真程度让人叹为观止。在这里可以看到用积木堆砌的新港每一座建筑，虽然比例大为缩小，但是细节部分也是十分讲究，力求做到100%相似。除了建筑外，水中还埋设了电动轨道，只要按下按钮，就可以看到船儿在水中航行，十分有趣。

看点 02　水上快艇　　冒险刺激的好去处

如果想在乐高乐园内寻求刺激的感觉，水上快艇一定是最好的选择。快艇水道总长440米，途中穿过用乐高积木搭成的维京海盗船和喷火龙，是体验冒险刺激的最好去处。可以全家人一起前来，在高速的穿行中享受速度带来的快感，保证让人兴奋不已。

看点 03　美国村　　美国代表性建筑的村子

进入美国村，就好如走进了现实中的美国一般，到处都是美国代表性的建筑，如用乐高积木搭起来的自由女神像、国会山等，整个园区一共花费了200多万块积木，营造出了纯正的美国氛围。在美国村里除了各种知名建筑外，还有出售香喷喷牛排的饭店、销售各种积木纪念品的小店等，很多游客都抵挡不了这样的诱惑，满载而归。

18 里贝事件柱
记录历次水灾的柱子

里贝事件柱矗立在里贝港边，是过去用来记录历年水灾情况的柱子。由于里贝距离大海很近，加之地势平坦而毫无阻隔，故而自从建城以来就时常发水灾，当地居民饱受水患之苦。事件柱设置在海平面以上6米的位置，在木制的柱身上刻有不少条刻痕，每一条痕迹旁都写有数字，标识出水灾时水位的高度和发生的年代。从中可以看出1634年和1976年两次水灾最为严重，水位线非常高，可以想见这座城市曾面临过怎样的考验。

TIPS
 Skibbroen 13, 6760 Ribe 里贝火车站步行10分钟可到 ★★★★

✱ 展示船 仿造古代荷兰商船的展示船

展示船就停靠在里贝事件柱旁，是1972年仿造古代荷兰商船制作的。和平时常见的尖底船不同，这艘船的船底是平的，只要大海涨潮就可以顺着海水漂流出海，但是缺点是非常容易被海浪打翻。因此在船身两边设置有平衡桨，可以使这条船保持平衡，不至于翻覆。

GO!瑞典!

1 印象

概况

瑞典是北欧地区最大的国家，曾经被丹麦统治了100多年时间。后来在两次世界大战中都保持中立，因此并未遭受战火的侵袭。在瑞典看不到别的欧洲国家那种浪漫气质和文化艺术，取而代之的是宛如世外桃源一般的自然风光。北方那茂密的树林和皑皑白雪相得益彰，南方则有漫长的海岸线和美丽的鲜花绿草，宛如油画中的湖光山色和宁静自然的田园风情让每一个来瑞典的游客都沉迷其中，乐而忘归。

地理

瑞典位于斯堪的纳维亚半岛的东南部，国土面积约为45万平方公里。西面为斯堪的纳维亚山脉，也是和挪威的分界线。瑞典的国土可以从地理上分成三个大区，北部为诺尔兰高原，山地起伏，拥有大片辽阔的森林；中南部是斯韦阿兰，多平原或丘陵地形，分

布着9万多个湖泊；最南部为约塔兰，由斯莫兰高地和肥沃的斯科讷平原组成。瑞典实行欧洲中部时间，GMT+01时区。三月最后一个周末至十月最后一个周末，瑞典实行夏令时（将时钟往前拨一个小时）。

气候

瑞典有约15%的国土在北极圈内，但是受到暖流的影响，冬天并不寒冷，大部分地区属温带针叶林气候，最南部属温带阔叶林气候。7月份大部分地区的平均气温为15℃~17℃。年平均降水量为500~750毫米。

区划

目前瑞典国内分21个省，分别为斯德哥尔摩省、乌普萨拉省、南曼兰省、东约特兰省、延雪平省、克鲁努贝里省、卡尔马省、哥特兰省、布莱金厄省、斯科讷省、哈兰省、西约塔兰省、韦姆兰省、厄勒布鲁省、西曼兰省、达拉纳省、耶夫勒堡省、西诺尔兰省、耶姆特兰省、西博滕省、北博滕省，下辖289个市。

人口

瑞典现有人口约990万。

❷ 交通

飞机

　　瑞典国内的航空公司提供快捷、舒适、安全的出行服务，范围覆盖南部的马尔默到北部的基律纳。你可以在约三小时的航程中俯瞰瑞典全景。由于瑞典的国土面积较大，旅客会感觉自己仿佛在进行跨季节飞行。

　　瑞典有多家航空公司，他们的航线覆盖了全国大部分地区。北欧航空公司（SAS）是瑞典最大的运营商，覆盖了国内主要机场。大多数国内航班都从斯德哥尔摩北部的阿兰达（Arlanda）机场出发，从那里几乎可以直飞瑞典所有内陆机场。其它经营国内航线的航空公司有马尔默航空（Malmö Aviation）和天路航空（Skyways Express）。

　　阿兰达机场和斯德哥尔摩之间由阿兰达机场快线列车、机场巴士、通勤列车或出租车连接。你还能在阿兰达机场找到大多数公认的汽车租赁公司。

　　斯德哥尔摩附近还有布洛马（Bromma）机场、史卡夫斯塔（Skavsta-Nyköping）机场和韦斯特罗斯（Västerås）机场等其它机场，所有这些机场都提供机场巴士和的士服务。

Swedavia公司在其网站上公布有相关机场转接服务的大部分信息。网站上显示了每个机场的下列信息：联系信息、离开最近城市的距离、公共交通、租车服务和停车信息。网址：www.swedavia.com。

火车

瑞典拥有高效的铁路交通网络，覆盖整个国家。旅客可以乘坐堪称欧洲最现代化的火车，顺利而舒适地在瑞典的乡间穿行。列车设一等座和二等座。针对长途旅行，列车还提供卧铺和卧铺车厢设施。许多线路都提供二等卧铺，例如斯德哥尔摩—基律纳—纳尔维克（挪威）线路。

瑞典的铁路网络由几个主要的铁路公司运营：SJ、Tågkompaniet、Veolia Transport以及Inlandsbanan。此外，普通信息、时刻表、票价等可以在ResPlus网站上轻松获取。

长途列车一般配有餐车。作为铁路网络的延伸，巴士运营频繁，可将乘客送至小城市和村庄。这些巴士可以与你的铁路客票一起预订。

瑞典的高速列车X 2000在所有主要线路上的运行速度都高达200公里/小时（125英里/小时）。车内提供最高标准的舒适服务，所有座位都配有广播和音乐频道接口。在全额票价的商务车厢里，你可以获得到位送餐服务；而在二等车厢里，你可以使用餐车，享受各种冷热餐饮。

长途巴士

在瑞典乘坐巴士或长途巴士是一种既经济又便捷的出行方式。在瑞典南部和中部的大型城镇之间以及斯德哥尔摩和北部城镇之间，有着优越的快车服务网络。

最大的巴士运营商是Swebus Express，它在全国拥有300个目的地。儿童和25岁以下青年、持有有效学生证（CSN、SFS或ISIC）的学生以及老年人享受八折优惠。想要了解更多信息，请联系Swebus公司。电话：+46（0）771 218 218，或访问公司网站。请注意！自2011年1月1日起，巴士车厢内不再提供售票服务。

Eurolines是提供前往欧洲（包括9个瑞典目的地）的定期巴士服务的主要运营商。Eurolines为儿童、青

小贴士

铁路通票和折扣

SJ家庭优惠票价适用于乘坐二等车厢旅行，即购买成人票的旅客可以最多携带两个不超过15岁的儿童出行，并遵守以下规则：

城际列车、区域列车以及SJ夜车座席车厢：随行儿童在与持有成人票的乘客一起旅行时，只需支付预订费。

SJ高速列车：随行儿童支付成人票价15%的费用，提供座位；可以坐在成人腿上的、不超过6岁的儿童免票。

SJ夜车：在卧铺/卧铺车厢，随行儿童支付固定的卧铺预定费用。

26岁以下旅客享受SJ日间列车7折优惠或SJ夜间列车85折优惠。

欧洲铁路瑞典通票（Eurail Sweden Pass）允许旅客在一个月内的3~8天里无限次搭乘由瑞典铁路公司经营的大部分路线。4至11岁的儿童票价为成人票价的一半；4岁以下儿童免费乘车；12至25岁之间的青少年享受特殊票价。此类通票价格不包括预定费或附加费（如座位、卧铺车厢、卧铺等）。你需要在通票签发日后6个月内激活欧洲铁路通票。

欧洲铁路斯堪的那维亚通票（The Eurail Scandinavia Pass）适合在丹麦、芬兰、挪威和瑞典进行无限次旅行。斯堪的纳维亚国家之间的许多渡轮都为欧洲铁路斯堪的那维亚通票的持有人提供优惠票价。4至11岁的儿童票价为成人票价的一半；4岁以下儿童免费乘车；12至25岁的青少年享受特殊票价。通票不包括预定费用或补充费用（如座位、卧铺车厢、卧铺等）。欧洲铁路斯堪的那维亚通票允许乘客在两个月内的4~10日里进行旅行。

欧洲铁路通票适合旅客在23个欧洲国家乘坐一等车厢进行无限次旅行，其中包括丹麦、芬兰、挪威和瑞典等国家。3岁以下儿童免票；4至12岁的儿童享受半价优惠。你可以购买10~15天或1个月、2个月、3个月的通票。

电子邮件：info@caravanhallen.se

少年及老年乘客提供具有竞争力的折扣票价。如需了解信息或预订，可联系Eurolines瑞典公司。电话：+46（0）31 100 240，或访问公司网站：www.eurolines.dk/en/home。

自驾出行

在瑞典自己驾驶汽车出行将给你带来自由的度假体验。你可以开车随兴游玩，沿途探索各种精彩。

瑞典为驾车人提供了维护良好的公路和高速公路网络，你可以从南到北驾车穿越瑞典全境。沿途没有收费站（厄勒大桥除外），交通拥堵也极为罕见。路况通常非常好，设有方便辨认的交通标志。

如果你想按照自己的方式了解瑞典，也可以轻松驶离高速公路。瑞典境内大多数公路都适合房车和拖车行驶。如果你决定在瑞典租车，有多家汽车租赁公司供你选择。

所有主要汽车租赁公司都在瑞典全境的主要机场和城市设有办事处。出发前可以通过汽车公司预订租车服务。节日期间往往会有费率折扣。

房车租赁

在瑞典，拖车可以按周租用，而房车的租价为每周11000瑞典克朗起。通常会针对单程租赁收取额外的收车费用，还需要支付预订费和押金。

如需了解更多信息和预订，可访问Caravanhallen i Haninge AB。

电话：+46（0）8 741 31 00

出租车

瑞典的出租车可以将你迅捷而舒适地送达目的地。规模各异的出租车公司数量很多，为顾客提供瑞典国内的出行服务。

根据你在旅途中的位置，你可以通过出租车预订服务打电话预订出租车，也可以前往出租车集合点乘车，还能在街上扬招出租车。

瑞典的出租车行业已经解除了管制。根据瑞典国家路政管理部门的有关规定，出租车司机必须在车辆内外清楚地显示所有价格信息。有些公司设有固定价格，但根据昼夜时间的不同而有所不同，周末也有特定的价格。因此，建议你出发前先确认出租车的价位。司机通常接受信用卡支付。

❸ 瑞典餐饮

传统菜式

著名的瑞典菜式smörgåsbord在大多数宾馆都可以找到，在当地享用一顿smörgåsbord式样的早餐，活力充沛一整天。如果刚好可以赶到圣诞节之前来到瑞典，推荐大家尝试一下传统的"julbord"菜式（圣诞节自助餐）。

创新菜式

在今日的多样化社会，大量以民族为特色的饭店不断涌现，而且还有让人感到非常新奇的"混合式"式样的饭店，那是一种把传统的瑞典菜式加入新兴的外来风格改良的式样。

你也可以找到所有平常的快餐店和批萨店，如果你不想花费太多又想尝到好吃的小吃，在你身边就可以找到卖热狗的小摊位，售卖流行的"varmkorv"（最便宜的只要10瑞典克朗）。

花费

一顿有三道菜加红酒的餐饮在一家中等价钱的饭店大约需要花费300~700瑞典克朗。大多数饭店在午餐时间都有"今日特色"菜肴（"Dagens rätt"）供应。午餐时间大约是从上午11点到下午2点，一道主菜大约售价60~90瑞典克朗（通常可以从几种当中选择），此外还供应面包、黄油、沙拉、软饮料和咖啡。另外也有很多咖啡店和小吃店的甜点可供选择。

瑞典全国很多饭店都接受使用大多数的信用卡付帐（对American Express信用卡可能会有一些限制）。你可以用Visa、MasterCard、Maestro或Cirrus卡在任何标有"Bankomat"或"Minuten"标识的自动提款机内提取现金。

饮用水

瑞典的自来水是可以直接饮用的,而且有种甘甜爽口的味道。当地的自来水绝不亚于你花钱购买的瓶装水，而且绝对免费。如果你喜欢在水里加些味道，那么你可以加一片你最喜欢的水果。瓶装水不但贵，而且塑料瓶会损害环境。

所以当你来瑞典的时候，带上自己喜爱的饮水杯，灌满这里的水，就可以尽情地免费享用了。如果你有机会去到户外的景点，还可以享受到山谷小溪间的溪水或者山泉水，绝对会给你带来不一样的体验。

瑞典是一个有着上万座湖泊的国家，在任何地方，你甚至走不了多远，就可以遇到一条湖泊。其中有很多面积较大的湖，如Vänern湖、Vättern湖和Mälaren湖。

❹ 瑞典通信

如今在瑞典你很难找到独立的邮局，但不用着急，瑞典有许多商店也提供邮政服务，如杂货铺、售货亭和加油站都可以办理相关业务。营业时间也根据不同商店的营业时间而定。一般来说，商店营业期间均提供邮局服务，但各地可能不尽相同，请注意蓝色邮局标识。

重量在20克以内的信件和明信片的收费标准：瑞典国内5.5瑞典克朗；国外11瑞典克朗。邮局和大部分报亭均出售邮票。瑞典信箱分为两种，蓝色信箱仅限本地邮件，黄色信箱可投递外地和国际邮件。

电话/电话卡

从海外拨打瑞典国内电话，请在区号（省去0）和电话号码前加拨+46。

从瑞典拨打国际长途，请拨00加国际代码、区号和电话号码。

瑞典国内可使用预付费电话卡、信用卡/借记卡、瑞典克朗或欧元硬币拨打付费电话。报刊杂志店或售货亭（如Pressbyrån）、超市等地均出售电话卡。

手机服务

手机在瑞典广泛使用。你可选择接入Telia移动、Tele2、或Telenor GSM网络（900&1800赫兹）。你可以上网了解各种手机网络覆盖范围。南瑞典手机网络覆盖率几乎达到100%，尽管有几处盲区；北瑞典的主干道和沿海地区手机网络信号良好。

个别情况下不宜使用手机，比如山区无手机信号覆盖时不宜使用。此外，瑞典拨打其他欧洲国家电话费用为3.9~9瑞典克朗/分钟不等。

互联网及邮件服务

大部分机场、火车站、公共图书馆（免费）和酒店提供接入互联网的电脑服务。多座城市的咖啡厅也设有互联网终端。

5 瑞典天气

蔚蓝的海水拍打着岸边，在沙滩上消磨闲散、慵懒的时光。这看起来不像是在瑞典，但这的确是在瑞典。除了瑞典，没有人能在其他任何地方享受到午夜零点的日光浴，并享受肌肤被晒成古铜色的兴奋与快乐。

提到瑞典，人们常会认为那里很冷，甚至有谚语说，在斯德哥尔摩，你会看到北极熊在街道上闲庭信步。不过你大可放心，瑞典没有野生北极熊，也不必担心在斯德哥尔摩欣赏美景时被北极熊所伤。瑞典气候区域可分为三个地区：瑞典中南部地区、东北地区和西北或最北部地区。

瑞典中南部地区的冬季短暂寒冷，夏季气温接近英格兰南部地区气温，但日照和白昼时间持续较长。东北部地区冬季较寒冷，越往北气候越寒冷，而夏季那里的气候极其宜人。最北部地区冬季相当寒冷，高纬度地区全年冰雪覆盖，夏季短暂，天气变化无常。由于瑞典位于高纬度地区，大部分地区夏季白昼时间长，冬季黑夜漫长。

着装

瑞典夏季天气温和舒适。适合穿带夏季休闲衣物，如轻薄的毛衣、夹克或雨衣。

外套在春秋冬季必不可少。穿着舒适的矮跟鞋非常重要，不仅适合乡村旅游，还适合在鹅卵石街道上散步观光。瑞典人虽追逐潮流，但他们也尽量避免太过华丽的衣服，牛仔服饰相当流行。

在餐厅和商务场合，男士最好穿夹克衫、系领带；女士在任何场合，包括商务场合均可穿着长裤。

注意事项 【小贴士】

大多数市内公共场、机场以及其他公共交通设施上都是禁烟的。百货商店、小店、饭店、酒吧和其他公共建筑物内也是不允许吸烟的。但有少数宾馆会为吸烟者提供特殊的房间。

关于小费：在瑞典，握手比付小费更受欢迎。瑞典大多数的酒店账单中已包含服务费。你可以付给酒店服务生特殊服务小费，但这不是强制性，仅根据个人喜好。

餐厅账单包含小费，但晚餐需付小费。此外，应付给出租车司机数瑞典克朗的小费。

搬运工和衣帽间服务生通常收小费。酒店和餐厅门童也会适当收取小费。

午夜太阳和北极光 【小贴士】

午夜太阳（以下地区24小时可见午夜太阳）：

阿比斯库：6月17日—7月19日；比约克利登：6月17日—7月19日；Gällivare：6月4日—7月12日；约克莫克：6月8日—7月3日；基律纳：5月31日—7月11日

北极光是可在世界最北部地区上空观测到的舞动的亮光。每年九月至次年三月，北极圈以北的瑞典地区是最佳的北极光观赏地区。

由于北极光是太阳喷射的带电粒子撞击地球而产生，因此不能确定这种现象的具体出现时间和地点。

NORTHERN EUROPE GUIDE

Northern Europe

畅游北欧 ⑩

瑞典斯德哥尔摩市政厅

斯德哥尔摩市政厅是一座宏伟壮观的建筑，市政厅金碧辉煌，巍然矗立，两边临水，整个建筑犹如一艘航行的大船。它是瑞典最重要的作品，同时也是斯德哥尔摩的形象和代表，更是该市市政委员会的办公场所。

01 斯德哥尔摩市政厅
宏伟壮观的市政厅

TIPS
Hantverkargatan 1　08-50829058　60瑞典克朗　乘地铁在T-Centralen站下　★★★★★

建于1911年的斯德哥尔摩市政厅位于斯德哥尔摩市中心的梅拉伦湖畔，建造这座气势宏伟的建筑，前后一共花了12年时间。市政厅建筑两面临水，整体用红砖砌成，好像一条红色的大船漂浮在湖面上一般。市政厅的右侧是一座高106米、带有3个镀金皇冠的尖塔，代表挪威、瑞典、丹麦三国人民的合作。登上塔顶，则可以纵目四望，斯德哥尔摩美丽的城市风光可尽收眼底。市政厅内有一座"金厅"，大厅由1800万块约1厘米见方的金箔拼贴而成，金碧辉煌。

✱ 蓝厅　荣耀光辉的宴会大厅

蓝厅是斯德哥尔摩市政厅内的宴会大厅，位于市政厅一层。每年12月10日是蓝厅最热闹的日子，因为这天是著名的诺贝尔奖的颁奖仪式。特别是到了晚宴的时候，来自世界各国的数百名记者用他们的相机收录下这座大厅的每一个角落。100多年来这座大厅见证了无数荣耀的时刻，是市政厅内最具历史价值的房间。

02 Crystal Art Center
斯德哥尔摩最著名的玻璃工艺品商店

TIPS

 Tegelbacken 4　08-217169　乘地铁在T-Centralen站下　★★★★

Crystal Art Center是斯德哥尔摩最著名的玻璃工艺品商店,在店里可以看到Kosta Poda、Orrefors、Mats Jonasson等瑞典十分知名的玻璃工艺品品牌。每种品牌的工艺品各具特色,有的色彩多变,有的造型别致,有的前卫奢华,适应不同人群的需求。甚至有些著名建筑师为了找到能匹配自己作品的风格,还会特地来到这里挑选所需要的玻璃工艺品。这家店里有一种在玻璃器皿上绘上笑脸的"Open-Mind"工艺品,最受人们的喜爱。

03 瑞典王家公园
斯德哥尔摩最热闹的地方

TIPS

Jussi Bjorling Alle 5　08-55510090　乘地铁蓝线T10、T11在Kungstradgarden站下　★★★★★

瑞典王家公园称得上是斯德哥尔摩最热闹的地方之一,公园所处的位置正好是斯德哥尔摩最繁华的购物区,与其说它是一座公园,还不如说是一处集会场所更为合适。公园里有三片宽阔的空地,里面搭满了出售各种食物的帐篷,这里的海鲜大排档十分实惠。整个下午,王家公园的人流会越来越大。到了下午5点,在中央大舞台上则会举行盛大的表演会,来自各地的艺术家都会倾情献艺,把热闹的气氛推向高潮。

04 Ostermalmshallen
斯德哥尔摩第一家室内市场

Ostermalmshallen是斯德哥尔摩第一家室内市场,正对着斯泰尔马尔姆广场,是一幢用红砖砌成的建筑,外观十分古朴。如果想要体验斯德哥尔摩人的日常生活,想知道他们平时吃什么、有什么传统食物,到这里来走一遭就对了。在Ostermalmshallen可以看到很多之前从未见过的东西,如麋鹿肉、驯鹿肉等,也有鱼肉、乳酪、面包等瑞典人日常生活的必需品。而腌鲱鱼、腌渍鲑鱼、熏鲑鱼、麋鹿肉干等也都是人们常吃的美食。

TIPS

 Ostermalmstorg　乘地铁T13、T14在Ostermalmstorg站下　★★★★

畅游北欧 | 瑞典斯德哥尔摩市政厅

05 历史博物馆 赏
专门陈列古代文物的著名博物馆

TIPS
Narvavagen 13-17　08-51955600　70瑞典克朗　乘地铁红线T13、T14在Ostermalmstorg站下　★★★★

历史博物馆坐落在斯德哥尔摩市内的布拉西赫门半岛上，建于1939年，是一家专门陈列古代文物的著名博物馆。馆内收藏的文物上可追溯至史前时期，下至16世纪，既有各种石器、青铜器、铁器，也有维京海盗们的遗物，还有中世纪时期的绘画、工艺品和乡村教堂的模型等。博物馆还开辟了一个区域专门展示来自中国的铜器和陶瓷器，其精美程度让人惊叹。此外硬币、纸币等罕见珍品也是吸引人们眼球的主要内容。

06 ABSOLUT Ice Bar Stockholm 吃
用冰铺设的酒吧

TIPS
Vasplan 4　08-50563520　乘地铁在T-Centralen站下　★★★★★

瑞典虽然地处北欧，夏天还是十分炎热的，因此人们都喜欢前往冰酒吧小酌一番。ABSOLUT Ice Bar是斯德哥尔摩最著名的冰酒吧之一，整座酒吧内部铺满了来自Torne河的大块冰块，一进去就让人觉得寒气逼人。为了让冰块保持冷冻，酒吧内常年维持在5℃，因此进入冰酒吧时需要带上防寒的装备，而且一次最多只能容纳30人。酒吧内提供17种ABSOLUT伏特加，可搭配各种果汁调制成鸡尾酒供人们饮用。

07 音乐博物馆
欣赏悦耳的音乐

音乐博物馆是一家专门展示瑞典音乐历史的博物馆。博物馆陈列着几乎所有的西洋乐器，游客们不光可以亲眼看到这些乐器，还可以亲手弹奏一番，聆听它们发出的动人声响。这让很多没见过西洋乐器的人非常感兴趣。同时人们也可以通过博物馆来了解音乐的发展，甚至可以在乐器中了解当时社会的文化意识形态，让人们接受音乐的熏陶。而博物馆也会不定期举办室内或户外演出，让更多的人感受音乐的美丽。

TIPS

Sibyllegatan 2　08-51955490　50瑞典克朗　乘地铁红线T13、T14在Ostermalmstorg站下　★★★★

08 Mathias Dahlgren
斯德哥尔摩最具代表性的餐厅之一

TIPS

Blasieholmshamnen 8　08-6793584　乘地铁蓝线T10、T11在Kungstradgarden站下　★★★★

Mathias Dahlgren是斯德哥尔摩最具代表性的餐厅之一，这家餐厅的历史并不悠久，2008年才开业，但是2010年已经被世界权威杂志评为世界上最好的25家餐厅之一了。餐厅的设计实而不华，细节处可以体会到设计者的心思。餐厅里提供的菜肴都是北欧最具代表性的料理，如鳕鱼、温泉鸡蛋等，此外餐厅的招牌菜Beef Dahlgren——黑松露汁配上肥嫩的牛排，味道好极了。值得一提的是，该餐厅位于斯德哥尔摩著名的酒店Grand Hotel地下，这家酒店在当地地位很高，专门接待来自世界各地的贵宾。

09 瑞典国家美术馆 赏

世界上最古老的博物馆之一

瑞典国家美术馆主要由国家博物馆、现代艺术博物馆和远东古器物博物馆三座博物馆组成。其中国家博物馆的前身是斯德哥尔摩王宫的王家博物馆，是世界上最古老的博物馆之一，收藏着大量的雕塑、版画、素描等作品，光是瑞典绘画就有1万多幅。现代艺术博物馆则以收藏近现代艺术家的艺术品为主，有很多知名画家的名画。远东古器物博物馆则以收藏来自中国的古代器物为主，从商周到明清的珍品应有尽有，让人们叹为观止。

TIPS
Sodra Blasieholmshamnen ☎08-51954410 ￥100瑞典克朗 🚇乘地铁蓝线T10、T11在Kungstradgarden站下 ★★★★

---

10 Svenskt Tenn 买

瑞典首屈一指的家居品牌

TIPS
Strandvagen 5 ☎08-6701600 🚇乘地铁蓝线T10、T11在Kungstradgarden站下 ★★★★

成立于1924年的Svenskt Tenn是瑞典首屈一指的家居品牌，Svenskt Tenn在瑞典语中的意思是"白铅制品"，是一种以锡、铅、黄铜等金属合金制作的加工品。最早这家店就是以经营这种制品而闻名，后来逐渐发展成为各种家居用品的汇集地。在Svenskt Tenn店里可以看到以美国曼哈顿地图为蓝本的装饰布、充满了巴西桑巴风情的沙发布等，还有各种色彩鲜艳、图案取自大自然的家居饰品，让人一看就爱不释手。

11 王家歌剧院 娱

斯德哥尔摩最著名的剧院

王家歌剧院是斯德哥尔摩最著名的剧院，由瑞典历史上知名的"歌剧国王"古斯塔夫三世创办于1773年。由于歌剧院容量太小，在古斯塔夫三世逝世后，逐渐被人遗忘。直到1898年，一座宏伟的文艺复兴式建筑拔地而起。新的王家歌剧院很多地方仿造自巴黎歌剧院，不仅可以容纳1170名观众，歌剧院内的音响效果和各种设施也都十分先进。在瑞典历史上，很多知名的歌唱家和音乐家都曾经在此进行过表演，使得歌剧院也随着他们一起声名远播。

TIPS

📍Gustav Adolfs torg ☎08-7914400 🚇乘地铁蓝线T10、T11在Kungstradgarden站下 ★★★★★

12 干草广场旧货市场 逛

斯德哥尔摩传统的旧货市场

TIPS

📍Hotorget 🚇乘地铁绿线T17、T18、T19在Hotorget站下 ★★★★

干草广场旧货市场是斯德哥尔摩传统的旧货市场。干草广场本身就是斯德哥尔摩重要的广场之一，每年诺贝尔奖颁奖典礼所在地蓝色音乐厅就位于这里。一到周日，广场就会变身成为巨大的旧货市场，很多人都把自家的东西拿出来摆摊出售，既有二手唱片、书籍、手机、服饰、家具、家电、生活用品，也有蔬菜、水果等食物，种类繁多，令人眼花缭乱。不光是当地人喜欢，就算初到斯德哥尔摩的外国游客也很喜欢这处市场，经常来这里淘宝。

NORTHERN EUROPE GUIDE

畅游北欧

Northern Europe

⑪

瑞典斯德哥尔摩其他

斯德哥尔摩位于波罗的海西岸,是瑞典首都与第一大城市,北欧第二大城市。斯德哥尔摩风景秀丽,桥梁岛屿互为一体,因此享有"北方威尼斯"的美誉。斯德哥尔摩是一座既古老又现代、既繁华又典雅的魅力之城。

01 瑞典王宫

瑞典国王办公和举行庆典的地方

TIPS

 Slottsbacken 1   08-4026000?   100瑞典克朗   乘地铁T17、T18、T19在Gamla Stan站下 ★★★★★

坐落于斯德哥尔摩市中心的瑞典王宫建于17世纪,是瑞典国王办公和举行庆典的地方,如今则是斯德哥尔摩最重要的旅游景点之一。王宫为一座方形的小城堡,门口可以看到两座石狮装饰,还有头戴红缨军帽、身穿中世纪军服的卫兵站岗,他们每天中午还会举行换岗仪式。王宫内开放的部分包括王室寓所、古斯塔夫三世珍藏博物馆、珍宝馆、三王冠博物馆、王家军械库等。漫步在王宫内可以欣赏这里的高贵装饰和陈设,还有闪闪发光的金银珠宝等。

✱ 王家军械库　气势恢宏的军械库

位于王宫地下的王家军械库是过去王宫内存放兵器的仓库,如今已经被改造成为王家武器博物馆。博物馆内陈列了很多瑞典军队曾经使用过的兵器、铠甲等,其中最引人注目的当属瑞典历史上最著名的军事家、国王古斯塔夫二世曾经骑过的战马的标本,这匹战马跟随着国王南征北战,立下赫赫战功,死后被做成标本供人们瞻仰。

02 大教堂

斯德哥尔摩老城区历史最悠久的教堂

大教堂又名圣尼古拉大教堂,是斯德哥尔摩老城区历史最悠久的教堂,也是瑞典砖砌哥特式建筑的重要实例。大教堂位于瑞典王宫附近,高大的尖塔十分显眼,主体建筑的造型十分简单,在四周宏伟的欧式建筑里显得并不是那么突出。但是色彩上采用了金黄色的主色调,这在基督教堂中是非常少见的。教堂内陈列有历代皇家骑士的徽章,还有著名的圣乔治屠龙的木雕,这座1489年的雕刻是北欧最大的木雕作品,做工精细,极具艺术感。

TIPS

 Trangsund 1, 111 29 Stockholm   08-7233000   40瑞典克朗   乘地铁T17、T18、T19在Gamla Stan站下 ★★★★★

03 德国教堂
唯一一座位于德国境外的德国教区教堂

TIPS

Svartnabgatab 16A　08-4111188　乘地铁T17、T18、T19在Gamla Stan站下 ★★★★

德国教堂是在14世纪时由一个德国商会捐资修建的，曾经是唯一一座位于德国境外的德国教区教堂。这座教堂在数百年中曾经多次修缮，最后在1878年时修建成现在人们所见的样子。教堂内部呈巴洛克风格，所有壁画、装饰等全都出自德国建筑师之手，因此带有浓郁的德式风情。尤其是在教堂侧翼有一座"The Royal Gallery"，是王室专用的包厢，以金黄色为主色调，上面还绘有代表国王的纹样，金碧辉煌。教堂内另一处特色是在祭坛下有一座下跪的天使塑像，这也是很少见的。

04 诺贝尔博物馆
介绍诺贝尔的一生

TIPS

Borshuset,Stortorget　08-53481800　70瑞典克朗　乘地铁T17、T18、T19在Gamla Stan站下 ★★★★

诺贝尔博物馆位于瑞典斯德哥尔摩老城大广场北侧，和瑞典学院、诺贝尔图书馆一起位于证券交易所大楼内。博物馆启用于纪念诺贝尔奖诞生100周年的2001年，是在斯德哥尔摩旧证券交易所的基础上改建而来的。博物馆内分为历年获奖者介绍、历史回顾、诺贝尔奖介绍、诺贝尔生平介绍等几部分，陈列了大量图片、文字、实物资料，是对"诺贝尔奖"这世界上最权威奖项的历史回顾。尤其是对超过800名诺贝尔奖获得者的介绍，向人们展示了他们为世界带来的巨变。

05 现代美术馆&建筑博物馆
现代艺术和建筑相结合的象征

赏

TIPS
Slupskjulsvagen 7-9　08-58727000　100瑞典克朗　乘地铁蓝线T10、T11在Kungstradgarden站下
★★★★

现代美术馆和建筑博物馆位于斯德哥尔摩的船岛上，两座博物馆位于同一座大楼内，正好也是现代艺术和建筑相结合的象征。在馆外可以看到法国和瑞士雕塑家联手打造的雕塑作品，造型古怪，色彩多变，让人一下子就能感受到现代艺术的魅力。在现代美术馆里收藏着达利、马蒂斯等大师级名家的绘画，也有新型艺术家们的创意作品。建筑博物馆则通过一座建筑模型向人们展示砖石搭建的艺术品，让人们同时感受两种艺术形式的交融和冲击。

06 瓦萨号战舰博物馆
由短命战舰改建的博物馆

赏

TIPS
Galarvarvsvagen 14　08-51954800　110瑞典克朗　乘地铁红线T13在Karlaplan站下　★★★★★

瓦萨号战舰博物馆是斯德哥尔摩最具特色的一座博物馆，记录了瓦萨号短暂的航行历史。在1624年，当时瑞典最大、最豪华的战舰瓦萨号战舰开始了它的处女航，然而还未完全驶离斯德哥尔摩的港口，就已沉入波罗的海，成为历史上最短命的战舰之一。1956年，战舰的残骸被打捞出水，保存进了这座博物馆中。如今人们可以在馆内看到这艘全世界最完整的17世纪船舰，其优美的造型、华丽的装饰、精美的雕刻都深深地打动着每一个前来参观的游客。

07 交通博物馆
介绍斯德哥尔摩从古至今的交通运输历史

TIPS
📍Tegelviksgatan 22　📞08-6861760　💰40瑞典克朗　🚇乘地铁绿线T17、T18在Skanstull站下　★★★★

交通博物馆位于斯德哥尔摩南岛的东侧,主要介绍斯德哥尔摩从古至今的交通运输历史。博物馆内以时间分隔划成6个区域。第一区是13—17世纪,展示各种手划渡船,这种船是当时来往于斯德哥尔摩各个岛屿之间的主要交通工具。第二区则是1870—1900年,这时是马拉轨道车和蒸汽火车的时代,可以看到很多旧时的火车头。而后面的几个区域则讲述了火车的不断发展,展出了无轨电车、有轨电车、电气火车、地铁、巴士等交通工具。

08 北方民俗博物馆
专门保存瑞典传统的农村风貌

TIPS
📍Djurgardsvagen6-16　📞08-51954600　💰80瑞典克朗　🚇乘地铁红线T13在Karlaplan站下　★★★★★

北方民俗博物馆是专门保存瑞典传统农村风貌的博物馆,是为了让下一代能够了解瑞典的传统民俗而建的。博物馆里收藏了很多16世纪以来的瑞典传统生活用品。如瑞典的传统婚纱,在婚纱的头纱上附有一个金色的小冠,象征着新娘的纯洁,如今依然沿用了这一设计。此外,馆内还陈列了数百年间的瑞典普通家居装饰,让人们了解瑞典家具数百年的发展历史,探究瑞典人对居家品质的要求。

09 斯坎森露天博物馆

世界上第一家露天博物馆

TIPS

📍Djurgardsslatten 49-51 ☎08-4428000 💰70瑞典克朗 🚋乘电车7号线在Skansen站下 ★★★★★

建成于1891年的斯坎森露天博物馆位于斯德哥尔摩的吉尔卡登岛上，是世界上第一家露天博物馆，它的建成开创了世界博物馆的一个新形态。整座博物馆占地30多公顷，汇集了70多座各个时期的古老建筑，其中包括斯德哥尔摩旧市区迁来的15座店铺和手工作坊、从瑞典各地迁来的83座各个时期的农舍，还有30余座教堂、钟楼、风车等建筑。所有的建筑都是按照原有比例严格复制的，即使是内部装修也都完全一致，将各时代瑞典人的生活状态完美地展现了出来。

✱ 仲夏节庆典

夏至盛大的民俗庆典活动

仲夏节庆典是瑞典人每年一定要举行的盛大庆典。每年的夏至这天，在斯坎森露天博物馆，人们都会穿上传统的民族服饰，来到博物馆的传统建筑中，模仿古瑞典人的生活。庆典中不光会有各种传统的民俗活动，还会提供各种瑞典传统美食，是人们体验旧时瑞典人生活的最好方式。到了晚上人们会围绕着花柱载歌载舞，热闹极了。

10 米勒公园
著名雕塑家米勒的作品

TIPS
📍 Herserudsvagen 32, Lidingo ☎ 08-4467590 💰 95瑞典克朗 🚇 乘地铁红线T13在Ropsten站换乘巴士在Torsvik站下
⭐★★★★★

米勒公园是瑞典代表雕刻家卡尔·米勒位于斯德哥尔摩东北方利丁岛上的私人花园，也是一座专门陈列其作品的公园。公园位于山坡上，人们可以居高临下遥望斯德哥尔摩的城市风光。公园内沿山坡种满了鲜花绿树，树荫中星罗棋布着米勒最得意的雕塑作品，其中各种人物雕像具有浓厚的古典色彩和民间风格，突出展现了这位艺术家超然的艺术特色。此外，公园里还有不少米勒的收藏品，这些收藏品的年代涵盖了古希腊、中世纪、文艺复兴三个时期。

11 卓宁霍姆宫
优雅华贵的王后宫

TIPS
📍 Drottningholms slottsforvaltning, 178 02 Drottningholm ☎ 08-4026280
💰 80瑞典克朗 🚌 乘177、178、301-323号巴士在Drottningholm站下 ⭐★★★★★

建于17世纪的卓宁霍姆宫位于斯德哥尔摩郊外梅拉伦湖畔的卓宁霍姆，外观为典雅的乳黄色，倒映在水中靓丽非凡。建筑造型也十分优雅，好像一位美丽的少女，向来深受王室女眷们的喜爱，因此也有"王后宫"的美称。在卓宁霍姆宫内有一片英式花园，种植了各种鲜花绿草，还有一间中国式的亭子和一座木制的剧院，让漫步其中的游客感受到多种文化的相互融合。此外，园内卓宁霍姆宫内还开设有餐厅，可以享用美味的王家大餐。

畅游北欧 | 瑞典斯德哥尔摩其他

NORTHERN EUROPE GUIDE

畅游北欧 ⑫

Northern Europe

瑞典哥德堡

哥德堡是一座风光秀丽的海港城市，地处哥本哈根、奥斯陆和斯德哥尔摩三个北欧国家首都的中心。这里有450多条航线通往世界各地，是北欧的咽喉要道，在它方圆300公里以内是北欧三国工业最发达的地区，是北欧的工业中心，素有"小伦敦"之美称。

01 哥塔广场
哥德堡的文化中心

TIPS

 Gotaplatsen 乘4、5号电车在Berze-liigatan站下 ★★★★★

哥塔广场是哥德堡的文化中心，广场和其周围的建筑全都是为了1923年哥德堡世博会而建的，艺术博物馆、音乐厅、剧场等都是当年世博会的会场。广场的中央矗立着一座由瑞典著名雕刻家米勒所创作的希腊神话中海神波塞冬的塑像，是哥德堡在海洋时代繁华的象征。这座波塞冬的塑像和别处有所不同，造型上呈现出典型的北欧男子特征，高大健壮，男性魅力显露无遗，从中可以见识到米勒这位大师对人体美感的把握能力。

02 艺术博物馆
哥德堡世博会建筑群中的一部分

TIPS

 Gotaplatsen 031-3683500 40瑞典克朗 乘4、5号电车在Berze-liigatan站下 ★★★★

哥德堡艺术博物馆是当年哥德堡世博会建筑群中的一部分，位于哥塔广场周围，是哥德堡最知名的博物馆之一。馆内收藏了15~20世纪众多瑞典画家的画作，还有毕加索、莫奈、梵高等大师的作品，极具艺术价值。除了数不清的名画外，艺术博物馆里还有一座哈苏摄影廊，是以著名的哈苏相机发明人的名字命名的。摄影廊里经常会举办各种摄影展览，展示摄影家们用相机捕捉的世间美景。

03 古斯塔夫阿道夫广场
哥德堡的城市中心广场

TIPS

📍 Gustaf Adolfs torg 411 10 Göteborg ★★★★

　　古斯塔夫阿道夫广场是哥德堡的城市中心广场，是以瑞典历史上最著名的军事家、国王古斯塔夫二世阿道夫的名字命名的，又名市政厅广场。古斯塔夫二世南征北战，是哥德堡城的创建者。广场中心矗立着高大的古斯塔夫二世雕像，国王手持宝剑，目视远方，威风凛凛。广场旁就是哥德堡市政厅，它是在旧时的证券交易所基础上改建而来的，纯白色的外观显得十分优雅。现在市政厅内经常会举行市政会议和接待活动，是城市的政治中心。

04 王冠之家
哥德堡市内历史最悠久的建筑

TIPS

📍 Postgatan 6　📞 031-611491　🚋 乘电车在Brunnsparken站下　★★★★

　　建于1655年的王冠之家是目前哥德堡市内历史最悠久的建筑，当时的瑞典国王卡尔十世就是在这里召开议会，结果在会议途中暴病而死。此后王冠之家还一度用作存放军械用品和粮食的仓库，现在是哥德堡乐团的练习场所。王冠之家周围聚集了金饰、陶瓷、玻璃等手工作坊，专门出售各种精致的工艺品，另外还有很多极具古典风格的别致咖啡馆和传统手工艺品琳琅满目的礼品店，是购买礼品馈赠亲友的最好去处。

05 里瑟本游乐园
哥德堡最大的主题公园

　　里瑟本游乐园既是哥德堡最大的主题公园，也是整个北欧地区规模最大的主题游乐园。自1923年成立以来，公园里就没有出现过客流冷清的现象。游乐园里有世界上最陡峭的木制过山车，远处就可以听到在过山车上体验自由落体运动的人们发出的阵阵尖叫。而鬼屋也是公园里的人气项目，鬼屋里的妖魔鬼怪全都由真人表演，惟妙惟肖，让人从一进去就战战兢兢，恐怖的气氛一直延续到结束。此外公园里还有北欧最大的三维立体电影院，给人以最震撼的感官刺激。

TIPS

📍 Orgrytevagen 5　📞 031-400100　💰 80瑞典克朗　🚋 乘电车在Korsvagen站下　★★★★★

06 小博门码头
见证大航海时代的繁华

TIPS
📍 Lilla Bommens Hamn Nordstaden ⭐★★★★

　　小博门码头是哥德堡旧码头所在地,曾经见证了大航海时期哥德堡的无限风光。如今码头已经改建成为观光客运和游艇码头,也是人们眺望海景的好去处。码头上停泊着一艘古老的"维京号"帆船,是目前世界上仅有的一艘四桅帆船。帆船通身被刷成白色,非常漂亮。这艘船最早是一艘水手训练船,如今已经被改造成为了餐馆。此外在码头旁还矗立着高86米、红白相间的瞭望塔,是哥德堡最高的建筑,登上瞭望塔,就可以远眺哥德堡市内的美丽风光。

07 埃尔夫堡防御设施
守卫出海口的重要防御设施

TIPS
 Hamninloppet　☎031-609660　💰160瑞典克朗　🚢Lilla Bommen港乘渡轮在Alfsborg岛下　⭐★★★★★

　　埃尔夫堡位于哥塔河口的一座小岛上,14世纪时这里是瑞典和丹麦的交界处,是守卫出海口的重要防御设施。1612年丹麦攻占了这座堡垒,瑞典宁可耗资百万也要将其赎回,可见城堡的重要地位。埃尔夫堡外观为红色,整体呈五角形,城堡内修建了完备的防御设施,据说为了修建这些设施,前后共花了20年时间,至今依然可以看到厚厚城墙上的点点弹痕。如今埃尔夫堡是瑞典首屈一指的婚礼场地,很多青年男女都到这里来体验浪漫的感觉。

08 海事博物馆
介绍哥德堡的航海历史

TIPS

Packhusplatsen 12　031-7116035　90瑞典克朗　哥德堡中央车站步行10分钟可到　★★★★

　　海事博物馆位于哥德堡一处旧码头上,自古以来哥德堡就是瑞典最重要的商贸口岸,是斯堪的纳维亚地区第一大港口,航运业、商业等非常发达,每天都会有来自各国的船只停泊于此。海事博物馆展示了从维京时代到现在跨越1400年的历史,各种展品涵括了造船业、渔业、商业等方面。船和船头模型是人们关注的焦点。人们可以亲自登上古老的帆船,感受一下在海浪里翻滚的感觉。此外海事博物馆附近还附设有水族馆,展示各种曼妙的海洋生物。

09 沃尔沃汽车博物馆
沃尔沃汽车公司的总部所在地

TIPS

Arendals Skans　031-664814　50瑞典克朗　乘32号巴士在Gotaverken Arendal站下　★★★★

　　哥德堡是举世闻名的沃尔沃汽车公司的总部所在地,承载着沃尔沃深厚历史的沃尔沃汽车博物馆就位于沃尔沃总部大楼旁。走近博物馆就能看到那大大的沃尔沃标志,让人体会到瑞典人的骄傲和自豪。走进博物馆里第一眼就能看到沃尔沃的创始人古斯拉夫·拉森和阿瑟·加布里尔松的铜像,可以说是沃尔沃的起点。博物馆内第一辆展品车其实并不属于博物馆,而是瑞典国王的座驾,常年放在博物馆供人们参观。此外博物馆内还收藏了沃尔沃所有的车型,种类繁多,让人眼花缭乱。

NORTHERN EUROPE GUIDE

Northern Europe

畅游北欧 ⑬

瑞典其他

瑞典是一片春秋短暂、冬夏分明的国土,一个"安宁的王国",典型的北国自然风光让人流连忘返。这里拥有15处世界文化遗产,名胜古迹更是别具一格,其中的代表有诺贝尔纪念馆和瑞典王宫。

01 西格图娜市政厅
欧洲最小的市政厅

西格图娜紧邻着梅拉伦湖，是一座历史悠久的小城市。虽然面积很小，但却是瑞典最古老的城镇之一，因此再小也被称作"市"。在西格图娜市中心可以看到旧市政厅，这座建于16世纪的棕色木制建筑曾经是欧洲最小的市政厅，如今已经被改造成了一座博物馆。整个市政厅的面积只有60平方米，里面的陈设也很简单，只在每年夏天开放。漫步在小小的市政厅里，回顾西格图娜的整个城市历史，让人不由得感叹内涵之丰富。

TIPS
Stora Torge　08-59126670　★★★★

02 圣玛利亚教堂
西格图娜最古老的建筑之一

TIPS
Persgatan 3　08-59250454　★★★★★

建于13世纪的圣玛利亚教堂是西格图娜最古老的建筑之一，起初是一座多米尼加修道院，后来被扩建为马达拉伦地区最古老的砖砌教堂。整座教堂用红砖堆砌，上面还有漂亮的白色花纹，古色古香。教堂内有不少漂亮的壁画，这些壁画绘制于14世纪，多以《圣经》中的人物为主，画工精美，极具艺术性，后来在16世纪因宗教改革而被白灰覆盖，直到1950年才重见天日。

03 圣奥勒夫教堂遗址
西格图娜最著名的教堂遗址

TIPS
Granitvagen 76, 183 63 Taby　08-58003526　★★★

在西格图娜一共有7座教堂遗迹，其中圣奥勒夫教堂遗址是最著名的一处。这座完全由石头砌成的教堂建于12世纪，外观和瑞典特隆海姆的教堂十分相似。15世纪时教堂被弃用，此后逐渐荒废，至今仅存残垣断壁。后来在对教堂进行考古发掘时发现其地下为另一座建于11世纪的教堂，还发现了一对可能是贵族母子的墓穴，因此这座教堂遗址拥有极高的考古价值。如今每到一年最后一天，当地人都会到这里来点燃蜡烛，营造出一派浪漫的氛围。

04 红姑妈咖啡屋
怀旧风格的咖啡屋

TIPS
Laurentii Grand 3　08-59250934　★★★

红姑妈咖啡屋是西格图娜三家名字中带有"姑妈"的建筑之一。咖啡屋的外观为红色，但并不是为了契合店名故意刷成这样的，而是将一种从当地植物中提炼出来的粉末涂在木材外面的效果，可以保护木头不被蛀蚀。店门口有一位慈祥的老太太塑像，这就是当地传统故事中的"姑妈"。店里的布置都保持着17世纪时的样子，甚至连家具都是300多年前的样式，服务员们也都身穿传统服饰，让人感受到浓郁的怀旧氛围。

05 蓝姑妈餐厅
"姑妈"系列的餐厅

TIPS
Stora Torget 4　08-59256050　★★★

蓝姑妈餐厅是西格图娜人最喜欢的餐厅之一，就位于市政厅旁，和红姑妈咖啡屋是同一位老板所开。餐厅的形象代言人也是著名的老姑妈形象，是当地绘本中经常出现的人物。正如店名那样，餐厅以蓝色为主色调，连外面的遮阳伞和棚子也全都是蓝色的，给人一种柔和沉静的感觉。餐厅里提供的全都是当地常见的家常料理，如各种鱼类的美食、沙拉等。在这一片蓝色的环境里用餐，连心情都变得逐渐平和了。

06 达拉纳博物馆
展示各种瑞典传统的民俗

TIPS
Stigaregatan 2,791 60 Falun　23-765500　法伦火车站步行10分钟可到　★★★★

达拉纳区素以其优美的风景及传统民俗、庆祝活动和手工艺品而闻名，至今依然保留着不少瑞典传统的民俗。如果对这些民俗感兴趣的话，前往法伦的达拉纳博物馆是最好的选择。博物馆位于一座以红砖砌成的传统建筑中，收藏了大量瑞典传统民俗文物，如音乐、民间服饰、农民绘画等。其中音乐是这家博物馆的灵魂所在，博物馆里收录了大量瑞典传统民乐，只要按下按钮，就可以听到一段段悠扬的音乐。此外，各种乐器也是人们关注的焦点。

07 绿姑妈古董店
各种精美的古董 买

TIPS
📍Stora Gatan ★★★

绿姑妈古董店是西格图娜当地最知名的古董店，和红姑妈咖啡屋、蓝姑妈餐厅一起构成了一道亮丽的风景线。绿姑妈古董店门口也有一尊老姑妈的塑像，似乎在以亲切的笑容招呼每一个路过的客人。古董店的外观正如名字所示，一片绿色色调。店内出售的大多都是精美的工艺品或古色古香的老器物，是前往西格图娜旅游购买礼品的最好选择。

08 佐恩博物馆
纪念瑞典艺术史上的重量级人物 赏

TIPS
📍Vasagatan 36,792 31 Mora ☎250-592310 💰60瑞典克朗 🚉摩拉火车站步行可到 ★★★★★

安德烈·佐恩是瑞典最著名的画家和雕刻家之一，他的故乡莫拉建有纪念他的博物馆。博物馆主要以展示佐恩各个时代的作品为主，从中可以看到佐恩艺术风格的逐渐成熟。此外还有佐恩生前所使用过的画具等物品，有助于人们了解这位瑞典艺术史上的重量级人物。

09 法伦铜矿区
悠久的铜矿开采历史

法伦及其周边地区从11世纪开始就已经有了开采铜矿的历史。随着开采量逐渐增大，法伦逐渐吸引了无数人，到了17世纪，拥有6000多人口的法伦俨然成为瑞典最大的城市。然而随着铜矿资源的枯竭，城市也逐渐没落。直到20世纪法伦重新变成了一个管理和教育中心，达拉纳大学的一些研究所都位于这里，传统的开矿业便成为了历史。如今的法伦也成了一处旅游城市，旧矿坑等景点吸引了很多游客。

TIPS
- Gruvgatan 44,791 61 Falun
- 23-782030
- 50瑞典克朗
- 法伦火车站步行10分钟
- ★★★★★

看点 01 矿坑
曾经是世界上最大的铜矿区

法伦铜矿曾经是世界上最大的铜矿，前后一共开采了数百年。如今虽然铜矿早已废弃，但是巨大的矿坑却被保留了下来，包括一个很大的露天开采遗迹、地下矿坑和各种建筑。人们需要身穿防护服和安全帽进入矿坑，参观当时采矿的各种工具，可以想见在当时简陋的环境中人们是怎么冒着生命危险开采矿石的。

看点 02 法伦博物馆
展示矿工历史的博物馆

如果不想进到矿坑里去，前往法伦博物馆参观也是一个很好的选择。博物馆就位于法伦矿坑附近，馆内陈列着各个时期采矿所用的工具、大型的开矿机械模型等物品，还有从矿坑里开采上来的矿石、制成的铜币及矿坑内的地图等，可以让游客从另一个角度了解旧时矿工们的辛苦。

10 木马工坊
各种手工制作的木马

TIPS
 Edakersvagen 17,792 77 Nusnäs ☎250-37200 🚌摩拉火车站乘108号巴士可到 ★★★★

木马是瑞典的传统工艺品，达拉纳区的伐木业早在18世纪时就十分发达，很多伐木工人由于在冬季夜晚无需工作，闲来无事便制作木马以打发时间，久而久之木马制作业就在当地兴起了。如今在瑞典的努斯奈斯依然保留着不少当年制作木马的工坊，其中尤其以Nil Olsson Hemslojoab最为著名。人们可以在工坊里参观木马的制作过程，每只木马都是纯手工打造的，需要经过很多工序。此外在工坊里还有木鞋、木鸡、木猪等精美的木雕作品。

11 卡尔玛城堡
卡尔玛的标志性建筑

TIPS
📍Kungsgatan 1 ☎480-451490 💰85瑞典克朗 🚶卡尔玛中央车站步行5分钟 ★★★★★

卡尔玛城堡位于波罗的海沿岸的小城卡尔玛，是此地的标志性建筑，在历史上也有十分重要的意义。1397年，瑞典、挪威、丹麦三国在卡尔玛城堡里签订了和平共处条约，结成了卡尔玛同盟。600多年过去，同盟早已成为了历史名词，但是城堡却留了下来。城堡整体呈文艺复兴式风格，白墙绿顶，十分优雅。城堡内部的陈设还保持着原来的样子，特别是签订卡尔玛条约的房间，其内部依然保持着当年签订条约时的场景。

12 卡尔玛旧城区
历史悠久的老城

TIPS
🚶卡尔玛中央车站步行可到 ★★★★

卡尔玛是一座历史悠久的老城，旧城区里至今依然保持着几个世纪前的古老风貌。旧城区的道路全都是用卵石铺成的，非常窄，显示出一种幽深宁静的气氛。在这些宛如迷宫的道路中穿行，触摸着历史悠久的老建筑，欧洲古城的风貌就这样慢慢地进入人们的内心世界。此外，在旧城区能看到不少老字号的特色商店，有的经营各种古董，有的经营当地特产美食，数百年如一日，平静地延续着自己的生活。

13 卡尔玛大教堂
卡尔玛最宏伟的教堂

卡尔玛大教堂是卡尔玛最宏伟的教堂,始建于1660年,曾多次由于战争而停建,最后一共花费了43年方才完工。由于建设的年代较长,教堂的建筑风格包含了多种样式,形成自己独特的风格。教堂内部全都是纯白色,最前面有一座宏伟的祭坛,祭坛造型精美无比,上面有漂亮的绘画,是鲁本斯画作的复制品,极具艺术价值。此外,教堂四周还有不少精致的装饰品,尤其是那些古老的徽章,足见其历史之悠久。

TIPS
- Stortorget
- 480-012300
- 卡尔玛中央车站步行可到
- ★★★★

14 卡尔玛博物馆
收藏各种珍贵文物和重要文化财产

TIPS
- Skeppsbrogatan 51
- 480-451300
- 60瑞典克朗
- ★★★★

卡尔玛博物馆于1987年对外开放,收藏和展示卡尔玛省的各种珍贵文物和重要文化财产。卡尔玛博物馆中最吸引人们眼球的当属一艘名叫Kronan的战舰。17世纪时,在一场对阵丹麦和德国联军的战斗中,这艘战舰在厄兰岛触礁,后来这艘船就被收入博物馆珍藏,是卡尔玛博物馆的镇馆之宝。

15 旋转大楼
马尔默最具特色的建筑

TIPS
- Lilla Varvsgatan 14, Malmö
- 040-174500
- 乘2号巴士在Turning Torso站下
- ★★★★

旋转大楼是马尔默最具特色的建筑,这座54层的大厦高189米,共分9个区层,每个区层都会扭转一点,到大厦顶部一共旋转了90度。这个独特的设计来自西班牙著名建筑师卡洛特拉瓦,他因受到一件身体扭动的人体雕塑的启发,创造出这座独一无二的艺术品。大厦最底下两层是写字楼,其余7个区层总共有33种不同形式的147套豪华公寓。当初公寓在出售时,虽然价格不菲,但还是吸引了无数拥趸,其中不少是外国人。

16 马尔默城堡
固若金汤的防御要塞

马尔默城堡位于瑞典第三大城市马尔默,最初是1434年由丹麦国王埃里克七世建造,并成为了丹麦国王的行宫。而此后的100多年间,城堡得到不断扩展、加固,成为了一座固若金汤的防御要塞。不过这一系列的防御设施在后来逐渐毁于战火,只有马尔默城堡留了下来。1937年,城堡被改建成为博物馆,包括自然博物馆、市政博物馆、美术馆、科技博物馆和航海博物馆等几部分,博物馆里珍藏了马尔默各个时代的珍贵文物,向人们展示这座城市的历史。

TIPS
- Malmohusvagen 6
- 040-344400
- 40瑞典克朗
- 马尔默中央车站步行大约10分钟
- ★★★★★

城堡公园
风景秀丽的市级公园

建于1900年的城堡公园是马尔默两座城市级公园之一,位于国王公园的西侧。在城堡公园中心有一片广阔的湖泊,湖水平静如镜,四周遍布绿树草地,环境十分优美。经常可以看到有人在湖边散步,或是坐在草坪上晒太阳,那悠然自得的表情让人羡慕不已。此外,公园里还有日式园林和许多精美的雕塑,艺术感十足。

17 马尔默市立图书馆
北欧最先进的图书馆 赏

TIPS

📍 Regementsgatan ☎ 040-6608500 🚌 乘10号巴士在Stadsbi-bliotek站下 ⭐★★★★

马尔默市立图书馆是北欧最先进的图书馆,也是瑞典最大的图书馆,由外观上为传统红砖建筑的旧馆和现代落地玻璃建筑的新馆组成。走进图书馆,随处都可以感受到北欧那特有的设计风格。图书馆可以自由进入、自由阅读。此外,完备的无障碍设施使得残疾人和推婴儿车的家长们也可以轻松在任何厅内阅览。图书馆提供各种图书、音乐CD、电影光盘等,借阅手续也十分简单,非常方便。

18 马尔默设计中心
展示斯堪的纳维亚艺术风格的走向 赏

TIPS

📍 Lilla Torg 9 ☎ 040-6645150 ⭐★★★★

马尔默设计中心就位于马尔默小广场上,如果想要了解更多瑞典和斯堪的纳维亚未来的设计风格走向,到这座设计中心来参观是最合适的。每年在设计中心会举办20多场展览,其内容囊括建筑、设计和手工艺品等诸多方面。在设计中心里有一处"文学咖啡厅",每个来参观的客人都可以来上一杯咖啡,细细品味充满创意的氛围。然后不经意之间,你会发现咖啡厅里的咖啡杯、座椅、桌子等也都是设计感十足的物品,让人不禁拍案叫绝。

19 圣彼得大教堂

马尔默最古老的建筑

TIPS

📍 Göran Olsgatan 4, 211 22 Malmö ☎ 040-279043 ★★★★★

建于14世纪的圣彼得大教堂是马尔默保留下来的最古老的建筑，当时马尔默还是汉萨同盟的一分子，因此这座哥特式教堂在建造上仿造了同盟中德国吕贝克的圣玛利亚教堂的风格。教堂整体用红砖砌成，600多年的历史使得它古朴典雅。教堂一侧有一座高达105米的尖塔，巨大的尖顶高耸入云，气势恢弘。教堂内四壁都绘有漂亮的湿绘壁画，其精美程度让人叹为观止。

✴ 大广场

马尔默城中最古老的广场

大广场是马尔默城中最古老的广场，至今已经有近500年的历史。马尔默市政厅、圣彼得大教堂，以及修建大广场的市长库克的故居都在大广场附近，人文内涵十分丰富。广场中央是瑞典国王卡尔十世的骑像，正是他在战争中战胜了丹麦，把马尔默从丹麦手中夺取了过来。此外大广场周围还有一座狮子药店，是一座很漂亮的红色建筑。

20 高特岛
瑞典第一大岛 逛

TIPS
- Gotland 498-201700（游客服务中心）
- Nynashamn码头乘渡轮可到 ★★★★★

高特岛是瑞典第一大岛，是瑞典知名的度假天堂，每年夏季都有来自四面八方的游客乘坐游轮到岛上来避暑度假。维斯比是岛上最大的港口和城市，至今依然保持着浓郁的汉萨时期风貌。除了有古色古香的老城区，岛上还有不少维京遗迹，开辟有维京文化村，专门向人们介绍维京海盗们驰骋时代的文化，各种维京时代的文物也是人们关注的焦点。此外，来到高特岛一定要品尝一下这里的特色料理，或是买上一些纪念品。

21 Clarion Wisby Hotel
维斯比旧城区的标志性建筑之一 住

Clarion Wisby Hotel是维斯比旧城区的标志性建筑之一。早在13世纪，这座建筑就是隶属于汉萨同盟的维斯比的商人工会，17世纪开始被改建为酒店，迎接来自四面八方的游客。如今酒店的接待大厅依然保持着汉萨时代的风格，一桌一椅都让人感受到浓郁的怀旧风。此外，这里的每一个房间都以著名人物或事件命名，装潢也保持着浓厚的中世纪风情，住在这里让人感觉真如穿越回了数百年前的中世纪一般。

TIPS
- Strandgatan 6,621 24 Visby 498-257500 ★★★★

畅游北欧 · 瑞典其他

22 维斯比旧城区
玫瑰和遗迹之城

逛

TIPS
 Visby 🚌 斯德哥尔摩乘长途巴士在Nynashamn码头换乘渡轮 ★★★★

维斯比的历史可以追溯到2000多年前,直到9世纪时它才成为瑞典的一部分,13世纪时发展成为北欧最重要的商业城市之一,是汉萨同盟重要的一分子。维斯比素有"玫瑰和遗迹之城"的雅号,维斯比旧城区里依然保持着汉萨时期的古老风貌。城区四周环绕着3.5公里长的城墙,一共有44座塔楼,其中以Kruttornet塔楼最为著名。城区中则保留了很多有数百年历史的老建筑,如圣玛利亚主教座堂、大树公园等,充满着怀旧感。

✱ 中世纪庆典
马尔默城中最古老的广场

每年8月份是来维斯比旅游的黄金季节。从1984年开始,每一年的第32周都会被定为"中世纪周",每到这个时节,当地人都会身穿中世纪传统服饰,按照中世纪的风俗生活。同时,旧城区的广场和公园还会举行盛大的民俗活动,如音乐会、小丑表演、戏剧、中世纪市场、马术比赛等,游客们也能好好地过一把中世纪的瘾。

23 水晶王国
各具特色的水晶制作工厂

买

TIPS
 Smaland ☎ 0481-45215(水晶王国旅游咨询)
💰 95瑞典克朗 ★★★★

水晶王国是一座制作水晶工艺品的王国,在广阔的园区内一共汇集了11家各种品牌的工厂,每一家工厂都有自己的特色和长处。在工厂里你可以参观水晶工艺品的制作过程,也可以看到技术娴熟的工人如何将炽热的玻璃溶液吹制成漂亮的水晶制品和色彩鲜艳的艺术品。水晶王国里还开设有专门的水晶工艺品商店,商店里陈列的每一件商品都是独一无二的,它们美丽的身姿在灯光下熠熠生辉,让人爱不释手。`

看点 01	**Mats Jonasson Maleras**
	大受欢迎的玻璃制品

Mats Jonasson Maleras创办于1980年，他们成功地在玻璃制品上施釉，创造出独具一格的玻璃制品。如今Mats Jonasson Maleras也是高品质水晶产品的代表。其玻璃工艺品大多取材自大自然，其中最经典的要数以熊和麋鹿为主要图案的玻璃镇纸，其受到全世界人民的欢迎。此外还有不少卡通图案的玻璃艺术品，也很受孩子们的欢迎。

看点 02	**Kosta Boda**
	水晶王国的开创者

Kosta Boda称得上是水晶王国的开创者，是瑞典制作水晶工艺品历史最悠久的工厂。Kosta Boda的水晶一向都以出色的设计和艺术性为人们所青睐。虽然这个品牌历史很长，但是从不拘泥于传统的束缚，一直都是设计最前卫、最具艺术感染力的作品，其风格的多样性及自由的、不受约束的创作过程更是成为Kosta Boda的鲜明特征。

看点 03	**Bergdala** 传统的工艺品品牌

Bergdala是一个相当传统的玻璃工艺品品牌，它最大的特色就是无论玻璃罐、碗、盘子，在口边缘都有一道深蓝色的镶边，被誉为"蓝圈"。虽然如今Bergdala的制品逐渐现代化，但是蓝圈的传统依然保留了下来。此外，Bergdala的另一大特色就是玻璃和光线的结合相当紧密，作品放在灯光下会更加漂亮。

24 维京文化村

传达古老的维京文化

TIPS

📍Tofta Strand, 621 98 Visby ☎498-297100 💰95瑞典克朗 ★★★★

维京文化村是一座以展现古老的维京文化为主的旅游村，可以同时容纳300多名游客进行参观。文化村里复制了十几座维京人传统的木制房屋，在这里人们可以体验过去维京人的普通生活。同时，村里还会通过当地考证出的维京历史，提供各种传统的活动，如在木头上雕刻出古代鲁纳文字、按照古代的方法烘制维京面包、在花圃里种植维京时代的花草等。有时候还会推出北欧古代民俗的体验活动等，所有的活动都充满了趣味，让人乐不思归。

GO!芬兰!

1 印象

概况

芬兰号称"千湖之国",国境内有大大小小的湖泊共计18.8万个,几乎每一个城市都能看到干净清澈的湖水。芬兰1/3的土地位于北极圈内,气候寒冷,但有很多没有受到污染的国家公园,能体验到最原始的自然风貌。南部海岸线长1100公里,港湾遍布,千帆竞渡的场景更是常见。当年郭沫若访问芬兰后,不由得感叹:"信是千湖国,港湾分外多,森林峰岭立,岛屿似星罗。"

地理

芬兰国土面积有33.8万平方公里,是欧洲第七大国。东与俄罗斯接壤,西和瑞典相连。首都赫尔辛基是世界上纬度第二高的首都。芬兰最大的特点就是湖多岛多,全国共有18.8万个湖泊和近18万个岛屿。此外位于芬兰、挪威边界的哈尔蒂亚峰海拔1328米,是芬兰最高峰。

气候

芬兰三分之一的国土位于北极圈内,冬季比较寒冷,南部地区受到洋流的影响,呈温带海洋性气候,一年四季气候温和。7月平均气温为13~16℃。年降水量为400~600毫米。每年6—8月是芬兰短暂的夏季,也是前往芬兰旅游的最佳时期。

区划

芬兰一共有20个区,分别是拉普兰区、北博滕区、凯努区、北卡累利阿区、北萨沃尼亚区、南萨沃尼亚区、南博滕区、博滕区、皮尔卡区、萨卡昆达区、中博滕区、中芬兰区、西南芬兰区、南卡累利阿区、派亚特海梅区、坎塔海梅区、新地区、屈米区、奥兰群岛、东新地区。

人口

芬兰目前共有人口约550万。

❷ 交通

自驾车

对于许多来自其它国家的人而言，在芬兰没有交通阻塞的路上驾车，已经感觉像是度假一样。芬兰的道路大多交通畅通，陪伴驾车者的只有落日余晖。

在芬兰，"交通阻塞"好像个不被人知的名词，起码没有中欧人那样闻之色变。也许，你会听过芬兰人抱怨交通，但那些抱怨从不会出自游客之口。芬兰人的观念跟其它国家大城市的人完全两样，延迟几分钟已经算"严重阻塞"了。在芬兰的主要城镇和机场都能找到租车公司；只要事先预订好车，而且持有欧盟或瑞士驾驶执照，并带有信用卡，你便可立刻驾车上路。

芬兰普遍的车速限制在城里为每小时50公里，而城外则为每小时80公里。只要在没有其它标识的情况下，这两个限速便是既定的限制。不过，在夏季的时候，主要干道的车速限制可达每小时100公里，高速公路上则为每小时120公里。

在冬季，所有车辆都要配置冬季轮胎，最好是带有防滑钉的。芬兰的冬季道路上很少会铺沙撒盐，通常依靠扫雪机维持道路状况。因此，冬季的车速限制会改为每小时80公里。

如果迎面而来的车向你闪灯，那可能说明：前面有头驼鹿或是交通事故，或者你没有打开车灯。芬兰法律规定，无论在夏天或冬天，无论是烈日当空或是一片漆黑，都要打开车头灯，即便在午夜阳光下也是如此。

怎样在芬兰的加油站分辨来自外国的游客？就是把车停在油泵机旁边的人。芬兰人加油后会先赶紧把车泊在一边，然后才去前台付费。

驯鹿雪橇

驯鹿是芬兰拉普兰的标志，因为有一个重要的原因：在拉普兰，驯鹿的数量和当地的居民人数相当。所以，当你在拉普兰，请像圣诞老人那样跳上雪橇，享受驾驯鹿车的乐趣吧！

乘坐驯鹿雪橇，近距离接触传说中的驯鹿，是非常受欢迎的活动，也是环保度假的最好方式。但驯鹿雪橇其实并不是旅游业发明的项目，而是萨米人出行的古老方式。乘坐驯鹿雪橇的时间通常从十分钟到几个小时，速度缓和，适合所有年龄的游客。

乘坐驯鹿雪橇也是一次心灵之旅，坐在木制雪橇里滑过雪地森林，这当中的神奇体验多少有点梦幻的滋味。

驯鹿属于半驯化的动物，每一头驯鹿都属于牧养主人所有。在拉普兰北部，驯鹿畜牧业仍然是许多当地人主要的收入来源。主人们每年会将驯鹿圈起来两次，在耳朵上做记号，并且清点数目。详情可查询以下相关链接：

拉普兰驯鹿雪橇之旅

www.laplandfinland.com

Jaakkola 驯鹿农场

www.luostonporosafarit.fi

Nulpon Nulkaus Reindeer

www.nulponnulkaus.com

雪橇犬

雪橇犬不但很可爱，而且跑得很快。乘坐狗拉雪橇是欣赏北极野外风光的独特方式，当你跟随一群雪橇犬的带领穿越雪地时，真的有点原始风味。不用说，这当然也是一次环保的旅程。

但请不要被吓倒，驾驭狗拉雪橇并不困难。导游将根据你的情况为你组建一个雪犬队，他也会给你驾驶指导。基本上，你所需要做的就是控制好方向和制动，你的雪橇犬朋友们会做好其余的事情。相关服务机构如下：

Husky Tours Lapland

www.laplandfinland.com

Harriniva Huskies

www.huskysafaris.com

罗凡涅米的雪犬

www.visitrovaniemi.fi

骑单车

在芬兰西海岸之外，有着芬兰最美丽和最独特的旅游目的地之一。冰河期形成的图尔库群岛包括两万多个岛屿和小岛，该地区原本是水手们喜爱的地方。游客们也可以沿着图尔库群岛之间的环路，慢慢探索其中的美妙之处，毕竟图尔库群岛之间的路径是芬兰最受欢迎的旅游线路之一。夏季五月至九月期间，该线路吸引了约2万名游客，他们驾着汽车、摩托车或是骑自行车来到这里。与其说它是一条道路，倒不如说是一个由许多路段和轮渡所组成的网络。除了160至190公里的道路，从一个岛到另外一个岛的轮渡航程也有30至50公里。

这一环形路径可能真的是专为单车而设计，因为穿过群岛的蜿蜒路径让汽车司机不得不慢慢地驾驶，速度要比在芬兰本土的主要道路上驾驶时更慢。其中也有不少游客，一边慢驶一边欣赏风景。当游客们在群岛之间轻松地骑单车漫游，沿途所见的风景会不断变化，从光秃的礁岩小岛到点缀有小木屋和红色船库的绿色乡郊，都无限悠然。一路上还有无数小桥和渡口，你可以在此休息片刻，恢复体力。

虽然图尔库群岛环形路径的长度对老练的骑单车者

兰国家公园之一，属于受保护的原野生态环境。所以，这里也是一个探索多样化的自然景观和动植物的理想之地。

夏季，游客们可以在岛上停留一下，参观海洋文化展览并且购物；或者在六七月间，前往一个热闹的客港住一个晚上。许多港口都提供旅馆住宿。此外，那里还有露营地、芬兰特色的度假小屋，以及含早餐的家庭式小旅馆，给你带来宾至如归的感觉。

探索群岛的环形路径，可以有许多不同的方式。如果你从图尔库出发，200公里的路径可能真的太长，你也可以考虑一些标注在群岛路径指南里的较短线路。所有路线也十分适合单车初学者，因为沿途有不少停下来休息的地方，而且到了渡口，你就不得不停下来欣赏风景了。服务网站有：

骑自行车游芬兰
www.pyoraillensuomessa.fi

③ 芬兰旅游贴士

在打算来芬兰之前，你可能会对一些事情感到好奇，想要了解更多。别担心，你可不是唯一会这么想的人。我们这就为你排疑解惑来了！

来说并不算是什么挑战，但在夏天，那里有许多值得欣赏的景点，所以值得花点时间留下来看看。一路上，你会见到许多博物馆、历史建筑、要塞和废墟，以及"岛海"（Saaristomeri）国家公园。这个国家公园是拥有欧洲国家公园联合协会（PAN parks）证书的两个芬

芬兰缘何如此特殊?

芬兰拥有一些十分奇妙的事物：北极光、午夜阳光、芬兰桑拿、纯净的湖泊、原生态的大自然、滑雪胜地和雪道、"芬兰设计"、真正的圣诞老人。

最佳旅游季节是什么时候?

这取决于你想要体验什么。如果你喜欢雪，又喜爱冬季活动的话，那么12月到3月期间是最佳季节；如果你中意春季的阳光和刚刚从冬季苏醒的大自然，那么就选4月到5月吧；如果想要体验温暖的夏日，参加丰富的活动，就得在6、7、8三个月来芬兰；如果想要观赏秋季缤纷的落叶，那么9到10月绝对是最佳时机。

不会说芬兰语能行吗?

如果你会说英语的话，就不会有任何问题。芬兰的官方语言是芬兰语和瑞典语，但大多数芬兰人都会说一口流利的、至少是能让人听得懂的英语。

在哪里可以看到北极光?

在芬兰北部的拉普兰，从8月底到来年4月都有机会见到北极光。极光活动通常在极光季刚开始和快结束的时候最为频繁。

午夜阳光在哪里可以看到呢?

午夜阳光也得去拉普兰体验。在芬兰最北端的乌茨约基（Utsjoki），从5月中旬到7月底，太阳会在地平线上停留长达两个多月之久。在拉普兰南部，6月到7月之间，太阳也会持续停留一个月。而且，夏季的大部分时间，无论在芬兰哪个地区都能体验到白夜。

芬兰和中国相差几个小时?

芬兰时间比格林威治时间（GMT）早2个小时。中国和芬兰的时差：夏令时期间为5小时，冬令时期间为6小时。

欧盟国家的夏令时从三月份的最后一个周日开始，这一天，要把钟向前拨一个小时；夏令时于十月份的最后一个周日结束，那时再把钟向后拨一个小时。芬兰采用24小时制时间进位，比如商店会有这样的标示：营业时间09:00-21:00 或07:00-19:00。

水质如何?

芬兰80％的水都被评定为特别纯净级。芬兰自来水的品质比瓶装水还要高，而且在全国各地都可以免费饮用。在你下榻的酒店里，只要把水龙头的水拧到最冷那一档，放出的水就是饮用水。

需要给小费吗?

芬兰几乎没有给小费的传统，不过给小费近年来也渐渐普遍起来了。其实，酒店、餐厅和出租车的价格中已包含服务费，并不一定要付小费。如果你对服务特别满意的话，也可以给一些。衣帽间费用为2欧元左右，一般会写在标示牌上。

丢了东西怎么办?

赫尔辛基失物招领服务处（Löytötavarapalvelu），地址：Mäkelänkatu 56, 00510 Helsinki，电话：+358-(0)600 41006（费用：1.97欧元/分钟＋当地话费），传真：+358-(0)600 14108。开放时间：周一至周五9:00—18:00。如果在芬兰其他城市丢失了个人物品的话，请与当地警局联系。

怎么叫出租车?

你可以打电话订出租车，或是在出租车扬招点上车。赫尔辛基出租预订中心的电话号码是0100 0700。黄色的Yellow Line是专门往返于赫尔辛基机场的出租车，电话0600555 555。坐黄色出租的话，需要与他人拼车。

所有的出租车上都装有一个黄色标志灯，上面写着Taksi/Taxi。灯亮着就说明出租车是空着的，但是出租车通常会驶向最近的出租车扬招点等待乘客。付费方式包括芬兰的银行卡、主要的国际信用卡或是现金。

怎么兑换外币？

赫尔辛基市中心有几处Forex外币兑换点，赫尔辛基万塔机场、斯道克曼（Stockmann）百货公司、卡塔亚诺伽（Katajanokka）游轮码头，以及奥林匹亚（Olympia）游轮码头也有兑换点。

在芬兰的一些小城市里，银行可能是唯一可以兑换外币的地方。酒店一般能为您兑换小笔外汇，不过还是建议您在出发前就在本国换好外汇，或是在赫尔辛基万塔机场兑换。

银行的营业时间是怎样的？

芬兰银行开放时间为周一至周五 9:15—16:15（各地办公时间可能会有差异），周六周日不营业。

相对其他国家而言，芬兰人很少使用现钞。自动取款机分布非常广泛，上面标有OTTO的字样。大部分商店和餐馆都接受大多数主要信用卡，包括Visa、MasterCard和EuroCard。

商店的营业时间通常是怎样的？

大多数商店在工作日都经营到晚上6点或8点，周六的营业时间到下午3点至6点之间结束。多数商店周日不营业，有些商店会在周日营业至晚上6点。

大型超市的营业时间至晚上9点，小型超市在工作日的营业时间至晚上11点，周末至晚上6点和11点。公共假日时，营业时间有所例外。

芬兰的气温如何？

芬兰冬季的气温可能会降到零下35摄氏度。不过，这样极端的低温天气并不常见。一般来说，冬季气温会在零下5度到零下15度之间。

夏季，气温可能会飙升至30摄氏度，有时甚至更高。但通常情况下，夏日的气温在20摄氏度左右。在芬兰，1月份和7月份的温差达到70度也不是什么稀奇的事儿。

应该穿些什么呢？

假如你是冬季来旅游的话，就穿上有夹层的冬季外套、保暖内衣、暖和的帽子、厚袜子和手套。这样，即便气温降至零下也不怕啦。

如果你在本国不容易找齐这些冬季衣装的话，也别担心！可以来芬兰买。而且，如果你参加有领队的野外旅行或是其他冬季旅行的话，保暖的冬衣都是包括在旅游项目内的，可以借用。

若是秋季和春季来芬兰，又想在户外探索大自然的话，那么就有必要备一双防水的鞋。

如果是夏季的话，旅行所需的衣装和去其他北欧或中欧国家没什么区别。带几套休闲服，比如说轻便的长裤、短裤、T恤等。

芬兰的"每个人的权利"是什么？

芬兰有很多很棒的概念，其中有一个就是"每个人的权利"。这项权利给了每个人在大自然中随处漫步的自由，不用事先获得土地拥有者的许可，便可在

森林、山丘、湖泊和河流等处活动。这一不成文的规定最初就是由居住在这片面积广大、森林密布、人口稀少的国土上的芬兰人发明的,多年以来也得到了不断的改善。

几点要领:你可以任意采摘野莓和野蘑菇,但是不能采摘他人的苹果或是莓子。你可以划独木舟或是野营,但不能太靠近他人的住宅。在许多地区,钓鱼需要许可证。不要留下任何垃圾,离开的时候,请将这片地方恢复到你初来时的模样。

简单地说就是:享受美好的大自然,但要负责任、尊重大自然、尊重他人和他人的产业。

芬兰安全吗?

芬兰非常安全。丢了的钱包和手机还能完璧归赵,这样的国家在全世界屈指可数,而芬兰就是其中一个。无论是白天还是夜晚,在大街小巷和公园行走都很安全。

紧急情况应该怎么办?

拨打免费的112呼救电话。

来芬兰前需要预防接种吗?

在健康和卫生方面,芬兰是最为安全的欧洲国家之一。来芬兰前,你不需要任何预防接种。在芬兰药店也可以买到所有的基本药品。但是提醒一下:在有些国家,有些药物在一般商店或是超市里就有得卖,比如阿司匹林和各种药膏。但是在芬兰,就只能去药店购买。

购物可以退税吗?

欧盟和挪威之外的永久居民都可以在芬兰退税。只要购物金额超过40欧元,就能节省大约12%(最高16%)。

唯有那些贴有"退税购物"(tax free shopping)标识的店铺才会为顾客提供增值税退税的支票。你可以在离开最后一个欧盟国家的时候将其兑现。

在芬兰可以使用哪些信用卡?

美国运通(American Express)、大来卡(Diner's Club)、欧洲信用卡(Eurocard)、Access卡、万事达(Master Card)、维萨(Visa)都可在酒店、餐厅、大商店和百货公司使用。许多商店和百货公司也接受Visa Electron卡。

酒吧和夜总会一般会营业到多晚?

大多数酒吧会在半夜1点半停止服务,2点关门。夜总会一般会在凌晨3点半停止服务,最晚4点关门。

芬兰的法定饮酒年龄是多大?

芬兰法律规定禁止向未满18岁的顾客销售酒精饮料。年满18岁的顾客可以购买葡萄酒和啤酒等酒精含量最多不超过22%的饮料。

年满20岁的顾客可以在国营垄断的Alko连锁店内购买任何酒精饮料。收银员有权查看顾客的护照、身份证或是驾照,以确认其年龄。

每天晚上9点之前,你都可以在超市或是其他食品店购买啤酒或是苹果酒。葡萄酒和烈性酒则仅可在Alko购买。大多数Alko商店的营业时间:周一至周五为早上9点至晚上8点;周六则为早上9点至晚上6点。

芬兰有很多蚊子吗?

在夏天,有时蚊子可能会特别多。城市里基本上没有蚊子的踪影,而在芬兰北部的乡村蚊子却会是个困扰。蚊子并不危险,在商店、超市和药店里也可以买到驱蚊剂。

NORTHERN EUROPE GUIDE

Northern Europe

畅游北欧 14

芬兰赫尔辛基

赫尔辛基是芬兰最大的港口城市，也是芬兰的经济、文化中心。赫尔辛基四季常温，欧洲古城的浪漫情调与现代国际化大都市的韵味交融在一起，其美丽洁净令人心驰神往。市内建筑多用浅色花岗岩建成，有"北方洁白城市"之称。

01 赫尔辛基中央车站
芬兰最重要的交通枢纽

TIPS

🏠Helsinki Rautatieasema 🚊乘3B、3T、6号电车在Rautatieasema站下 ★★★★

建于1914年的赫尔辛基中央车站是西伯利亚铁路的终点，是芬兰最重要的交通枢纽。车站的造型十分独特，半圆拱形的绿色屋顶十分显眼。大门两侧各有两座人像，极具艺术感。车站内的设施十分先进，候车大厅宽敞明亮，让人在候车的时候也感到非常舒适。

02 Stockmann百货公司
北欧地区最大的百货公司

TIPS

🏠Aleksanterinkatu 52 ☎09-1211 🚊乘3B、3T、4、4T、6、7A、7B、10号电车在Ylioppilastalo站下 ★★★★

位于赫尔辛基最繁华商业区的Stockmann百货公司是北欧地区最大的百货公司，百货公司共分8层，汇集了服装、鞋类、首饰珠宝、化妆品、玻璃器皿、熟食、糖果、音像、礼品及设计制品和家具等商品，是购买礼品的最佳去处。

03 赫尔辛基市立美术馆

当地艺术家的创作

TIPS
 Salomonkatu 15　09-31087000　8欧元　乘地铁在Kamppi站下　★★★★

赫尔辛基市立美术馆是在1952年赫尔辛基奥运会体育场馆的基础上建造而来，原本是用来作为网球比赛的网球宫，奥运会结束后被很好地利用起来。美术馆内陈列了不少当地艺术家创作的现代艺术作品，包括绘画、雕塑、设计艺术等。

 网球宫　休闲放松的好去处

网球宫原本是1952年赫尔辛基夏季奥运会的网球比赛场地，奥运会结束后这些场馆被再利用起来，如今不光是作为赫尔辛基市立美术馆的所在地，陈列有大量有价值的艺术品，还是一座电影院，可以供人们休闲放松。

04 邮政博物馆
气派豪华的邮政大楼

TIPS

Asema-aukio 5H 020-4514888 6欧元 乘3B、3T、6号电车在Rautatieasema站下 ★★★★

邮政博物馆位于赫尔辛基中央车站对面气派豪华的邮政大楼内,博物馆内使用各种先进的手段展出了芬兰各个历史时期的邮品,向人们介绍整个芬兰邮政发展的历史。人们还能骑上自行车,按照屏幕显示的地图进行投送邮件的模拟体验,十分有趣。

05 阿莫斯安德森美术馆
芬兰规模最大的私人博物馆

TIPS

Yrjonkatu 27 09-6844640 8欧元 乘地铁在Rautatientori站下 ★★★★

阿莫斯安德森美术馆是芬兰规模最大的私人博物馆,原本是安德森本人的私宅。在他去世后,这座建筑便被改造成博物馆,专门收藏安德森本人的各类藏品。这些藏品主要包括20世纪以后的艺术品,以绘画、雕塑、家具、玻璃、陶瓷等为主,总数超过6000件。

06 现代博物馆
造型独特的现代建筑

TIPS
 Mannerheiminaukio 2　09-17336501　8欧元　乘地铁在Rautatientori站下　★★★★

现代博物馆位于赫尔辛基中央车站西侧，外形十分独特，灰白色的外观加上半方半圆的玻璃侧面，十分引人注目。自然光从各个角度照入博物馆，随着太阳角度的变化，室内的光线也不断变化。博物馆内主要展示1960年以后的现代艺术品，不拘一格，令人赞叹。

07 雅典娜美术馆
芬兰最大的绘画收藏博物馆

TIPS
 Kaivokatu 2　09-17336401　10欧元　乘地铁在Kaisaniemi站下　★★★★★

雅典娜美术馆也称国家艺术博物馆，是芬兰最大的绘画收藏博物馆。博物馆的名字是从希腊神话中智慧女神雅典娜的名字而来。馆内收藏了梵高、蒙克、高更等大师的作品，也有卡伦·卡莱拉、玛格努斯、恩格尔等芬兰本土画家的名作，十分丰富。

畅游北欧 — 芬兰赫尔辛基

08 埃斯普拉纳蒂公园
芬兰最知名的公园之一

TIPS
 乘3B、3T、4、4T、7A、7B号电车在Aleksanter-inkatu站下 ★★★★

埃斯普拉纳蒂公园是芬兰最知名的公园之一，公园入口处矗立着一座被称作"波罗的海女儿"的塑像，是赫尔辛基的城市象征。此外，公园里还矗立着诗人艾农列农、"童话叔叔"萨卡利里托乌斯、芬兰国歌的词作者及民族诗人鲁内贝里等人的雕像，文化气息十分浓厚。

09 芬兰建筑博物馆
以建筑为主题的博物馆

TIPS
 Kasarmikatu 24　09-85675100　5欧元　乘10号电车在Johann-eksen Kirkko站下
★★★★

芬兰建筑博物馆仅次于莫斯科建筑博物馆，是世界上第二座以建筑为主题的博物馆。博物馆位于一座1899年修建的古典风格建筑内，收藏有20世纪后芬兰建筑的蓝图、手稿、照片和比例模型等。此外各种别开生面的临时展览也让人眼花缭乱。

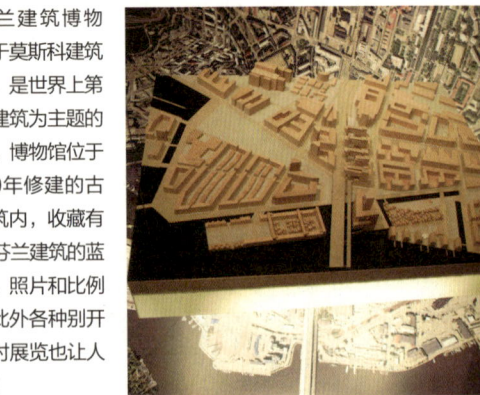

10 白色大教堂
通体白色的壮观建筑

白色大教堂又名赫尔辛基大教堂,因通体呈白色而得名。这座建于1852年的教堂结构精美,气宇非凡,是芬兰建筑史上无与伦比的精品。宏伟的大教堂内有不少精美的壁画和雕塑,充满了艺术气息。教堂钟声响起,庄严肃穆的氛围足以感染每一个人。

TIPS
Unioninkatu 29　09-23406120　乘1、1A、3B、3T、4、4T、7A、7B号电车在Senaatintori站下　★★★★★

★ 议会广场
欣赏赫尔辛基精美建筑的最好去处

议会广场是赫尔辛基市民活动的中心,包括赫尔辛基大教堂等建筑都位于广场上。广场上竖立着俄国沙皇亚历山大二世的铜像,四周围绕着芬兰著名建筑师恩格尔的三大杰作:大教堂、政府大楼和赫尔辛基大学,是欣赏赫尔辛基精美建筑的最好去处。

11 artek
芬兰最知名的家具设计品牌 买

artek是芬兰最知名的家具设计品牌，将木头弯曲时美妙的流线感淋漓尽致地展现了出来。在芬兰，几乎每一个家庭都至少拥有一件artek所设计生产的家具。artek设计的家具全都创意十足，在保持传统的基础上不断创新，一直走在家具设计的前列。

TIPS
Etelaesplandadi 18　09-61325277　乘3B、3T、4、4T、7A、7B号电车在Aleksanterinkatu站下
★★★★

12 乌斯本斯基大教堂
北欧地区最大的东正教教堂 赏

TIPS
Kanalgatan 1　09-634267　乘4、4T线电车在Katajanokan Puisto站下 ★★★★

乌斯本斯基大教堂是北欧地区最大的东正教教堂，由俄罗斯设计师建造于1868年。教堂的造型十分优美，具有浓郁的莫斯科建筑风格，洋葱般的圆顶十分引人注目。教堂内则装饰简单，除了精美的壁画外就只有几座塑像和镀金的祭坛。

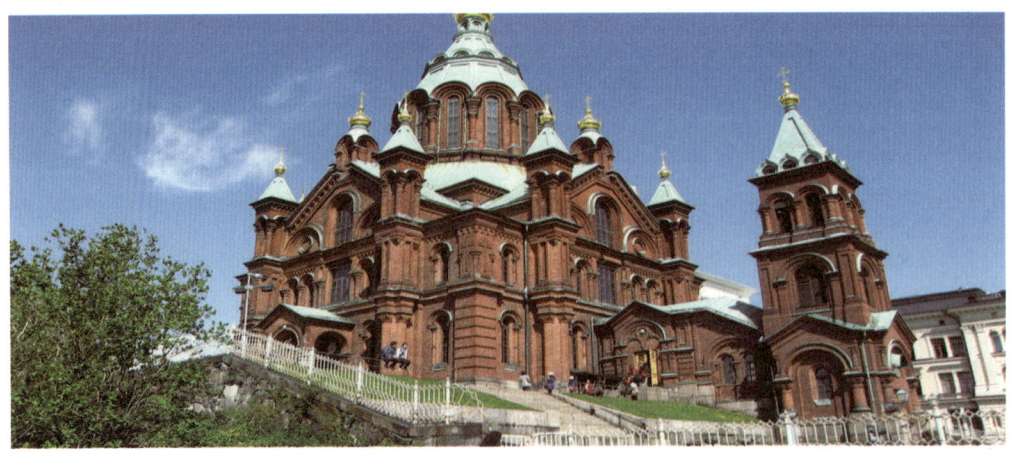

13 露天市集广场

赫尔辛基最具活力的地方

TIPS

 Kauppatori　乘1、1A、3B、3T线电车在Kauppatori站下　★★★★★

露天市集广场是赫尔辛基最具活力的地方。广场上遍布出售小吃、肉类、面包、鲜花、水果、手工艺品、服饰等的小摊，空中弥漫的香味保管让每一个人都胃口大开。此外在广场上还可以看到总统府等建筑。

看点01 波罗的海少女喷泉

赫尔辛基城市的象征

波罗的海少女喷泉位于埃斯普拉纳蒂公园和Unioninkatu街的交叉口，是由法籍芬兰雕塑家Ville Vallgren于1906年在巴黎完成的。雕塑描绘了一位少女缓缓从海中升起的形象，代表了赫尔辛基这座城市的诞生，堪称城市的象征。

看点02 芬兰总统府

大气磅礴的建筑

总统府位于广场的东侧，曾经是沙俄时期沙皇的行宫。总统府建筑大气磅礴，通体为白色，古朴典雅。如今总统府主要作为总统接待外宾的场所，当总统在府内时门口会有哨兵站岗，总统外出时哨位则是空的。

14 Pohjoisesplanadi购物街
赫尔辛基最主要的购物街之一

TIPS
📍Pohjoisesplanadi 🚋乘3B、3T、4、4T、7A、7B号电车在Aleksanterin-katu站下 ⭐★★★★★

　　Pohjoisesplanadi购物街是赫尔辛基最主要的购物街之一，这条街上有诸多商店，如aarikka是芬兰木制饰品的经典品牌，其中用木珠做的卷毛绵羊是非常受人青睐的招牌产品。此外还有芬兰国宝级的织品布料品牌marimekko，每个来芬兰的游人都忍不住会购买。

15 设计美术馆
展示多种多样设计理念

　　设计美术馆是一家展示多样设计理念的博物馆，博物馆里最重头的展览叫做"设计新世界"，各种千奇百怪的小物品让人叹为观止。如一个蘑菇云似的小凳子，或是一台以冲锋枪为座杆的台灯等，都让人眼前一亮。

TIPS
📍Korkeavuorenkatu 23 ☎09-6220540 💰8欧元 🚋乘10号电车在Johanne-ksen Kirkko站下
⭐★★★★

16 芬兰国会大厦 赏
恢弘壮观的花岗岩建筑

TIPS

Mannerheimintie 30 ☎09-4322017 🚋乘4、4T、7A、7B、10号线电车在Kansallismuseo站下 ★★★★

芬兰国会大厦建于1920年,地处曼内海姆路对面。人们需要走上一大堆台阶才能看到它的身影,这使得建筑更显得恢弘壮观。国会大厦外墙由红花岗岩砌成,装饰有14根灰色花岗岩柱子,大厦前面空地上还立有几位前总统的塑像。

17 芬兰国家博物馆 赏
芬兰最好的博物馆

TIPS

Mannerheimintie 34 ☎09-40509544 💰7欧元 🚋乘4、4T、7A、7B、10号线电车在Kansallismuseo站下 ★★★★

建于1910年的芬兰国家博物馆是芬兰最好的博物馆,展示了芬兰从史前时代到现代的全部历史。博物馆的建筑是芬兰最具代表性的建筑之一,俗称"高塔"。馆内收藏了数百年来考古学、历史学、古钱币、人种学等方面的文物,展示芬兰社会和文化的发展变化。

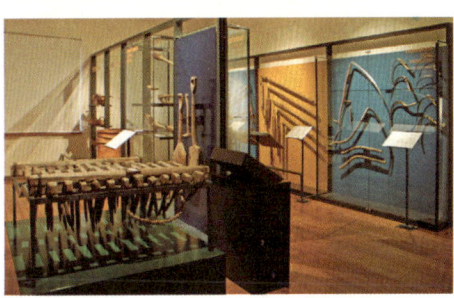

18 芬兰厅
为纪念芬兰独立50周年而建的表演厅

娱

芬兰厅是芬兰著名建筑师阿瓦奥图的杰作，始建于1967年，是为了纪念芬兰独立50周年而修建的。主建筑在屋顶挑高，营造出宛如教堂一般庄严肃穆的效果。芬兰厅内部则可以举行各种规模的音乐会、会议、展览等活动。另外，这里还设有餐厅和商店。

TIPS
Mannerheimintie 13 e　09-40241
乘4、4T、7A、7B、10号电车在Kansallismuseo站下 ★★★★★

19 岩石大教堂
修筑在岩石中的教堂

岩石大教堂又名坦佩利奥基奥教堂，是芬兰著名的建筑师斯欧马拉聂兄弟的代表作。教堂是利用位于住宅街的岩石高地建造而成的，建筑师将巨大的岩石掏空，在岩石内部修建教堂。教堂顶部铺设有大量的玻璃，光线很好，其余部分则保持了岩石的古朴风貌，是世界上唯一一座建在岩石中的教堂。

TIPS
Lutherinkatu 3　09-23405920　乘3B、3T号电车在Sammonkatu站下　★★★★★

畅游北欧 ｜ 芬兰赫尔辛基

NORTHERN EUROPE GUIDE

Northern Europe

畅游北欧

⑮

芬兰赫尔辛基郊区

赫尔辛基郊区的奥林匹克体育场和芬兰防御城堡,简直是现代与古老的鲜明对比,西贝柳斯公园和塞拉沙里岛公园则充满了芬兰传统风格的典雅与宁静,是漫步踏青的好去处。

01 西贝柳斯公园
纪念芬兰著名的音乐家

西贝柳斯公园是为了纪念芬兰著名的音乐家西贝柳斯而建的，西贝柳斯在芬兰被沙俄占领时用音乐倾诉爱国情操，深受芬兰人的爱戴。公园里碧草如茵，鲜花怒放，树木茂密，是赫尔辛基人最爱的郊游踏青去处。

TIPS

 Mannerheimintie 13 e　09-40241　10.5欧元　乘4、4T、7A、7B、10号线电车在Kansallismuseo站下
★★★★

✱ 西贝柳斯纪念碑
西贝柳斯公园里最显眼的标志

西贝柳斯纪念碑是公园里最显眼的标志，整座纪念碑用500多根不锈钢管组合而成，好像一座管风琴，象征着西贝柳斯音乐永恒不朽。钢管在阳光的照射下闪闪发光，让每个来西贝柳斯公园旅游的人都不禁停下来瞻仰。

02 芬兰防御城堡
固若金汤的防守要塞

芬兰防御城堡位于赫尔辛基的港口处，通过全长6公里的城墙将港口和岛屿串联起来，成为一座固若金汤的防守要塞。如今这座城堡早已没有军事作用，内部也被改造成为多座博物馆，是人们怀古的好地方。

TIPS

- Suomenlinna, Helsinki
- 09-6841880
- 露天市集广场码头乘渡轮可到
- ★★★★★

畅游北欧 | 芬兰赫尔辛基郊区

03 赫尔辛基奥林匹克体育场

赫尔辛基夏季奥运会的主场地

赫尔辛基奥林匹克体育场是1952年赫尔辛基夏季奥运会的主场地，是芬兰最大的现代化运动场，可以容纳7万多名观众。体育场的外观简单明快，具有鲜明的北欧风格。在体育场周边有不少纪念性建筑，如纪念标枪运动员耶尔维宁的高塔、芬兰"长跑之神"努尔米的塑像等。

TIPS

Olympiastadion　09-4366010　乘3B、3T、4、4T、7A、7B号电车在Toolon Hall站下　★★★★

★ 体育博物馆
芬兰体育运动的见证者

体育博物馆位于奥林匹克体育场内，展示芬兰体育运动的历史。博物馆里除了陈列着芬兰申办奥运会的各种资料和介绍，还有历史上每一位奥运获奖者的简介、制服和奖牌等，展品多达3万多件。此外在博物馆里还能买到不少有关奥运会的纪念品。

04 塞拉沙里岛
优美的国家公园

塞拉沙里岛是赫尔辛基近郊小岛中最著名的一座，岛上到处都是绿树鲜花，宛如一片野生森林。如今岛上已经被开辟成为国家公园，美丽的自然风光吸引着每一个前来的游客。此外在岛上还有一座露天博物馆，专门展示芬兰的传统建筑。

TIPS
- Seurasaari
- 09-40509660
- 6欧元
- 乘24号巴士在Seurasaari站下
- ★★★★★

✱ 露天博物馆
塞拉沙里岛上最引人注目的景点

创建于1909年的塞拉沙里露天博物馆是塞拉沙里岛上最引人注目的景点，其面积占据了岛的三分之一。博物馆内有从芬兰各地收集来的传统建筑共100多座，其中最古老的是一座1686年的木制教堂，其余建筑多为18、19世纪所建。

NORTHERN EUROPE GUIDE

Northern Europe

畅游北欧 ⑯

芬兰其他

芬兰拥有"千岛之国"与"千湖之国"的崇高赞誉，浪漫的街道、温馨的建筑、可爱的圣诞老人和绝美的冰雪都汇聚在这片北欧的陆地上。这里美轮美奂的浪漫和善良朴素的民族让更多的旅游爱好者趋之若鹜，纷至沓来。

01 图尔库大教堂
芬兰路德教堂的代表

TIPS
 Domkyrkotorget  02-2617100 ★★★★★

图尔库大教堂建于13世纪，是芬兰路德教堂的代表。教堂整体都是用石头砌成，拥有一座高达101米的高塔，是图尔库最显眼的建筑。教堂内部穹顶高24米，空间十分开阔，四壁绘满了精美的壁画，既有讲述耶稣生平的，也有介绍芬兰历史重要事件的。

02 图尔库城堡
展现古朴的中世纪风貌

TIPS
Linnankatu 80　02-2620300　8欧元　市集广场乘1号巴士可到 ★★★★

建于1280年的图尔库城堡位于奥拉河口，是守卫图尔库的重要设施。"二战"时城堡被摧毁，直到1941年方才重修起来。此后历经40年的修建，终于恢复了城堡里160多个房间的原貌。如今整个城堡依然展现着古朴的中世纪风貌，让很多游客赞叹不已。

03 西贝柳斯博物馆

展示西贝柳斯的生平及作品

TIPS

Biskopsgatan 17　02-2518528　3欧元　★★★★

西贝柳斯是芬兰历史上最伟大的音乐家,以《芬兰颂》而闻名。这座以西贝柳斯的名字命名的博物馆是芬兰唯一一座收藏各种音乐资源的博物馆。博物馆里不仅收藏有来自世界各地的乐器、老乐谱等,还特设了一个展厅专门展示西贝柳斯的生平及作品。

04 海洋博物馆

世界上独一无二的三桅木帆船

TIPS

Linnankatu 72　02-2679515　7欧元　★★★★

图尔库是一座依靠海上贸易起家的城市,依靠造船和航海业发展起来。博物馆里展示了图尔库悠久的造船、港口文化、水路货运等历史,还陈列着目前世界上独一无二的三桅木帆船"天鹅号",造型优雅,十分漂亮。

05 图尔库中古&现代艺术史博物馆

展示图尔库13世纪风貌

图尔库中古&现代艺术史博物馆就位于奥拉河畔,是一座展示图尔库13世纪风貌的博物馆。馆内地面被特意下挖了7米,展现了图尔库在数百年前的古老风貌,还有各种精美的壁画等也都让人惊叹不已。

TIPS

 Itainen Rantakatu 4-6　★★★★

06 坦佩雷大教堂
芬兰最漂亮的东正教教堂

TIPS
 Tuomiokirkonkatu 27　0206-100210
坦佩雷火车站步行即可到达　★★★★★

坦佩雷大教堂是芬兰最漂亮的东正教教堂之一，教堂内外无不体现了芬兰民族的浪漫风情。红褐色的主体加上绿色的洋葱形圆顶，使得教堂无比优雅。每周日晚上，教堂都会举行盛大的管风琴音乐会，悠扬的声音让人陶醉。

07 列宁博物馆
世界上唯一一座永久性列宁博物馆

TIPS
Hameenpuisto 28　03-2768100　5欧元　坦佩雷火车站步行15分钟即可到达　★★★★

位于坦佩雷的列宁博物馆是目前世界上唯一一座永久性的列宁博物馆。博物馆的前身是1905年列宁和斯大林的第一次会面地。馆内陈列着大量列宁生活和进行革命活动的物品，还有与俄国革命有关的研究资料，是了解这位伟人生平的好地方。

08 间谍博物馆
世界上第一座以间谍为主题的博物馆

位于坦佩雷的间谍博物馆是世界上第一座以间谍为主题的博物馆。博物馆里按照时间顺序，将人类间谍的发展历史一一展示出来，特别是很多新奇的间谍用品，包括过去监听电话的窃听器、小型照相机、伪造的文书等，让人大开眼界。

TIPS
 Satakunnankatu 18　 ★★★★

09 Sarkanniemi Elamyspuisto冒险乐园

坦佩雷的娱乐中心

TIPS

 Sarkanniemi ☎0207-130212 ⊙34欧元 🚌乘16号巴士在Mustan-lahden satama站下 ★★★★★

Sarkanniemi Elamyspuisto冒险乐园是坦佩雷的娱乐中心。乐园主要分游乐场、儿童动物园、海豚馆、水族馆、天文馆、艺术博物馆等六大部分,其中游乐场是小朋友们最喜欢的地方,有各种趣味十足的电动娱乐设施,能让孩子们玩个尽兴。

看点01 | 水族馆
芬兰最大的开放式水族馆

Sarkanniemi Elamyspuisto冒险乐园中的水族馆是芬兰最大的开放式水族馆,饲养有200多种观赏鱼类和近千种水生生物。人们可以在水族馆里和鱼儿们来个亲密接触,看它们在水中自由自在摇曳的样子,别提多有趣了。

看点02 | 天文馆
探索未知世界的绝佳去处

天文馆是钟爱探索未知世界的人们的绝佳去处。天文馆里有最完备的天文观测设施,不管大人还是小孩,都可以在这里了解无尽的宇宙,还可以亲眼看到月面上的环形山和土星光环等宇宙美景。

畅游北欧 · 芬兰其他

245

看点 03　儿童动物园
充满童趣的好地方

儿童动物园里饲养了很多常见的家禽家畜,如可爱的兔子、小马、小鸭等。小孩子们可以在动物园里和动物们一起玩耍,给它们喂食,从小就培养起和自然和谐共处的意识。

看点 04　Sara Hilden艺廊
芬兰极具代表性的美术馆

Sara Hilden艺廊是芬兰极具代表性的美术馆,不光展出了很多芬兰现代艺术家的代表作,还有来自世界各地的艺术家们的作品。艺廊中各种光怪陆离的现代艺术作品,让人耳目一新。

看点 05　Nasinneula观景塔
眺望整个坦佩雷城市风光的制高点

Nasinneula观景塔是整座冒险乐园的制高点,也是芬兰最高的观景塔。观景塔高168米,乘坐快速电梯可以直达塔顶。在塔顶可以远眺整个坦佩雷的城市风光,四周的高山大海也尽收眼底,让人感到无比心旷神怡。

10 纺织工厂
坦佩雷工业的起点

TIPS

 Satakunnankatu 18 ★★★

位于坦佩雷市内的纺织工厂是这座城市工业的起点，于1820年由苏格兰商人创办。工厂直接以瀑布的水力为动力，生产毛线、棉纱、棉布和毛呢。如今这座纺织工厂早已不再从事生产，而是被改造成为一处温泉酒店，人们可以悠闲地在酒店中泡泡温泉或是喝喝咖啡，惬意无比。

11 坦佩雷噜噜米山谷艺术博物馆
让人喜爱的噜噜米形象

TIPS

 Hameenpuisto 20 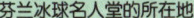 03-56566578 7欧元 ★★★★

噜噜米是享誉世界的芬兰卡通人物，在芬兰各地都能见到它的形象。坦佩雷噜噜米山谷艺术博物馆就是这么一座艺术博物馆，专门陈列各种有关噜噜米的艺术作品。其中包括2000多幅原作者的创作手稿、噜噜米故事场景的模型等，绝对让你不虚此行。

12 Museokeskus Vapriikki博物馆
芬兰冰球名人堂的所在地

Museokeskus Vapriikki博物馆位于纺织工厂对面，是一座已经有百年历史的旧厂房。博物馆目前是芬兰冰球名人堂的所在地，展出了1920年以来芬兰冰球运动的历史，包括很多极具价值的文物。此外这里还有鞋子博物馆和娃娃博物馆等。

TIPS

 Alaverstaanraitti 5 03-56566966 8欧元 ★★★★

畅游北欧 芬兰其他

247

13 Amurin工人住宅博物馆
芬兰最真实的建筑博物馆

赏

TIPS
 Satakunnankatu 49 ★★★★

　　Amurin工人住宅博物馆是一座很特殊的博物馆，组成博物馆的是32间19世纪的木制房屋，全是当年工人们所居住的公寓，堪称芬兰最真实的建筑博物馆。屋内的陈设也都保持着原样，仿佛屋主刚刚出去买东西，一会儿还会回来似的。

14 Pyynikin Nakotorni观景塔
遥望坦佩雷的美丽风光

赏

TIPS
 Nakotornintie 20　03-2123247　2欧元　乘21号巴士在Piispantalo站下 ★★★★

　　Pyynikin Nakotorni观景塔位于海拔150米的Pyynikki山上，虽然塔身只有26米，但是借助地理优势，依然可以360度全景欣赏到坦佩雷美丽的城市风光，其中包括琵哈湖和奈西湖的壮美景色。此外，在观景塔上还可以吃到坦佩雷最棒的甜甜圈。

15 海门林纳美术馆
19世纪的古老建筑

赏

TIPS
 Kustaa III:n Katu 6 ★★★★

　　成立于1952年的海门林纳美术馆位于一座19世纪的古老建筑中，建筑依然保持着旧时的原貌，古朴典雅。美术馆的收藏主要来自1939年的维堡博物馆，当时因为战争，所有藏品都移到这里。同时还展出不少芬兰本地艺术家的作品。

16 军事博物馆
军事迷们不能错过的博物馆

TIPS
Linnankasarmi ★★★★

　　军事博物馆的规模很大,共分三层,每一层都按照年代不同而分割成很多展区。比如15世纪展区就介绍了芬兰在争取独立过程中的军事历史。而二楼主要介绍"二战"时期芬兰的军事状况,以及不少芬兰名将的历史事迹,军事迷们绝对不可错过。

17 西贝柳斯故居
西贝柳斯的出生地

TIPS
Hallituskatu 11　03-6212755　4欧元 ★★★★

　　海门林纳是西贝柳斯的出生地,他在这里度过了青年时光。当地人为了纪念这位爱国音乐家,特地将他的故居改建成为博物馆。如今西贝柳斯故居依然保持了古老的风貌,里面珍藏着西贝柳斯使用过的乐器,有助于人们对这位音乐家有更深入的了解。

18 监狱博物馆
体验阴森的监狱气氛

TIPS
Kustaa III:n katu 8　03-6212977　5欧元 ★★★★

　　海门城堡曾经在1837—1972年被用作监狱,1997年时被改造成为博物馆。如今博物馆内依然保持了它作为监狱时的样子,游客们可以沿着囚犯进入牢房的路线进行浏览,并亲身体验一下囚犯的生活,绝对是一种特别的体验。

19 海门城堡
芬兰仅存的三座砖砌建筑之一

TIPS
📍Kustaa Ⅲ:n katu 6　☎03-6756820　💰6欧元　★★★★★

海门城堡是一座老式的芬兰王家城堡，始建于1260年，是芬兰仅存的三座砖砌建筑之一。18世纪时城堡上增加了不少防御设施，包括外城墙、枪炮角楼、护城濠沟及城楼等部分。整座城堡用红砖砌成，造型精美非凡，堪称芬兰建筑史上的珍品。

20 海门林纳历史博物馆
海门林纳的历史

TIPS
📍Kustaa Ⅲ:n katu 8　★★★★

海门林纳历史博物馆主要承载了这座城市1700—1970年的历史，不仅陈列了大量的绘画、图片资料、模型、遗迹等，还有一些展现人们平时生活的展品，如城市模型、金银器皿、服饰工艺品等，多姿多彩，让人眼花缭乱。

21 拉普凡-罗瓦涅米北极圈博物馆

介绍北极圈内的世界

TIPS
Linnankatu 80　02-2620300　8欧元　市集广场乘1号巴士可到　★★★★

拉普凡-罗瓦涅米北极圈博物馆位于Ounasjoki河畔，是一列长长的玻璃屋，远看给人一种天人合一的感觉。博物馆主要由极圈科学中心和拉普兰省立博物馆两部分组成，主要介绍北极圈内的点点滴滴，让人们能更贴近这神奇的世界。

看点01 极圈科学中心
窥探神秘的极地生活的窗口

极圈科学中心主要以研究北极圈内的生态、环境、生活等为主，从冰河地形到原住民的狩猎活动等一应俱全，是窥探神秘的极地生活的窗口。在这里可以看到不少科学家们的研究成果，包括西伯利亚地区的生态环境、白令海峡的诸多生物等。

看点02 拉普兰省立博物馆
拉普兰省的生态环境展示区

拉普兰省立博物馆主要以介绍拉普兰省的生态环境为主，以"幸存"为主题，生动地刻画出了人们如何在这么严苛的自然条件下生活的景象。博物馆展示了各种生活用品、工艺品、影像资料等，会给你留下深刻的印象。

22 圣诞老人村

圣诞老人生活的地方

TIPS

🏠 Arctic Circle,96930 Rovanlemi ☎016-3562096 🚌罗瓦涅米火车站乘8号巴士在Arctic Circle站下 ⭐★★★★

　　圣诞老人村位于拉普兰省罗瓦涅米以北的北极圈内，著名的"圣诞老人"就生活在这里，每年都有无数人到这里一睹其风采。圣诞老人村里有各种和圣诞老人有关的商店、设施等，到处都能见到充满童话色彩的纪念品，让人爱不释手。

看点 01　圣诞老人专属邮局　　赠送圣诞礼物的好去处

前往圣诞老人专属邮局给自己或亲朋发一封信是每一个来圣诞老人村游玩的游客必做的事情。邮局里有各种各样充满了圣诞氛围的明信片、信封、邮票等,而且每封发出的信上都会加盖圣诞老人邮戳,这可是一件很珍贵的礼品。

看点 02　圣诞公园　　以圣诞老人为主题的游乐园

圣诞公园是一座以圣诞老人为主题的游乐园,所有游乐设施全集中在一个被称为"圣诞老人地洞"的地方。乐园里有为圣诞老人辛勤工作的小精灵们,还有飞天驯鹿雪橇与圣诞老人直升机等,保管让孩子们玩个尽兴。

GO! 冰岛!

1 印象

概况

冰岛直译就是"冰冻之岛"的意思，全国八分之一的土地都被冰川所覆盖，一片冰天雪地。而整个国家几乎都位于火山岩上，全国共有130多座火山，其中活火山30多座，给冰岛带来了丰富的地热资源，使得冰岛成为全世界温泉最多的国家，因此也被誉为"冰火之国"。冰岛属零时区，采用格林尼治标准时间，比北京时间晚8小时。

地理

冰岛地处大西洋洋中脊上，境内多火山，地质活动频繁，拥有大量的温泉，拉基火山、华纳达尔斯火山、海克拉火山与卡特拉火山等是冰岛最主要的活火山。整个冰岛是个碗状高地，四周为海岸山脉，中间为高原，其余大部分是台地。由于整个国家都位于火山岩石上，因此无法开垦。

气候

冰岛属于海洋性气候，由于冰岛靠近北极，夏季有极昼现象，白昼颇长，在雷克雅未克，太阳很少落下；在冰岛北部，特别是在夏季中旬，天空24小时明亮。在冬季，有极夜现象，每天只有4~5小时的白天，可见极光。

冰岛的气温并不像它的名字听起来那样冰冷，受墨西哥暖流的影响，夏季平均气温在10℃~15℃，最高气温可达20℃~25℃；冬季也有1℃左右，年平均气温4.3℃，与中国的青岛较为类似。冰岛四面环海，中间是冰川，因此旅游景点经常风力很大，此外，冰岛昼夜温差较大，建议游客自带保暖衣物和风衣。客人可以提前查询未来7天的天气预报以备好衣物。

区划

冰岛主要分8个地区，分别是大雷克雅未克区、西南区、西部区、西峡湾区、西北区、东北区、东部区、南部区，下辖23个省、21个自治市。

人口

冰岛目前约有人口33万。

❷ 交通

飞机

中国到冰岛首都雷克雅未克没有直航的航班。一般要在巴黎、哥本哈根、法兰克福、伦敦等城市转机。

机场巴士

机场巴士（Flybus）是连接机场和市区巴士总站最便捷的交通工具。到达巴士总站后相关人员会贴心地把乘客送往下榻的饭店。机场巴士基本上在航班到达40分钟后开出，单程票价是1950冰岛克朗，往返票价是3500冰岛克朗；从酒店接送单程票价为2500冰岛克朗，往返票价为4500冰岛克朗。

公交

搭公交环岛旅行的人可购买环岛旅游票（Full Circle Pass），这种票在夏天的环岛公路搭乘巴士，但只能顺一个方向，而且没有时间限制，每个景点爱停多久就停多久。巴士周游券（Omnibuspass）有效时间是一周至四周，除了内陆高原的巴士不能搭乘，其余均可搭乘。如果要到内陆高原旅行，也可购买高原巴士票（Highland Pass）这种票券。

火车

冰岛没有火车。

租车

在冰岛旅游，租车自驾是非常好的选择。在冰岛租车非常方便，可向酒店前台咨询或致电联系。冰岛无污染的自然环境——云山雾海，在国内只在西藏得见，但冰岛的异国风情，西藏也无可比拟。驾车环岛游短途为一星期，长则一个月，全在于旅游者的时间和心情。

推荐选择主要公路（冰岛公路代码数字越少则路况越好，1位数字如1号公路，路况最好；3位数字如468号，路况很差）。由于冰岛地广人稀，路况复杂，野外隐患较多，出现意外难以及时处理，因此不推荐单独驾车远游。如冬季自行驾车出游，建议选择大型吉普。以下为驾车时的一些注意事项：

1. 驾驶的车辆每个座位均需系安全带。
2. 一路上都得开大灯。
3. 遇到动物必须礼让。
4. 许多公路死角，其标志为Blindhaes，请注意这时一定要减速。
5. 通常是遇到90度以上的右转要减速，驾驶员若看不到前面的路也必须减速。
6. 市区限速50公里，市郊则为90公里。
7. 欧洲法律规定，司机每行驶两小时后必须休息20分钟，每天开车时间不得超过9小时，且休息时间住12小时以上。
8. 欧洲环保意识相当浓厚，为避免空气污染，法律规定司机停车时不许开空调；旅游车上禁止吸烟并尽量不要在车上吃带果皮的食物、冰淇淋等，如一定要食

用,请将剩下的果核用纸包好放入垃圾桶,不要随意丢在车上。

❸ 冰岛旅游贴士

护照签证

冰岛属于申根国家,入境中国公民需持有效护照及申根签证进入冰岛。目前,北京居民可到冰岛共和国驻华使馆申请签证,其他城市居民除了可到北京使馆申请外,还可以到丹麦驻上海、广州、重庆领事馆或芬兰驻香港的领事馆去办理。

是否给予签证、是否准予出入境,为有关机关的行政权力。如因游客自身原因或因提供材料存在问题不能及时办理签证而影响行程的,以及被有关机关拒发签证或不准出入境的,相关责任和费用由游客自行承担。

电源

冰岛的电源插头为欧式两圆插头,游客需自备插头转换器,也可到酒店前台取用。

货币

冰岛货币名称为冰岛克朗,代码为ISK。冰岛克朗与人民币汇率约为15:1(2017年8日牌价)。冰岛通用欧元、美元。建议您在出国前兑换好所需欧元或美元。

按我国外汇管理相关规定,中国公民出境每人允许携带外汇量为不超5000美元或相当于5000美元的其他货币。

物价

冰岛的物价相对较高,以一瓶矿泉水为例,售价为人民币20元左右。冰岛首都卡夫拉维克国际机场免税店的商品要比市内商场便宜得多,尤其是化妆品,游客可选择在那里购买。

商场

冰岛首都雷克雅未克有两个大型的购物商场，分别是Kringlan和Smaralind。Laugavegur是位于市中心的主要购物街。此外，Bonus是冰岛一家大型的连锁超市，可以去那里买一些日用品、水果、饮料等。

冰岛大多数商店、餐厅等都接受信用卡，而且使用很广泛，主要的信用卡有VISA和Eurocard。请在国内确认好您携带的信用卡或银联卡已经激活可以在境外使用！

欧洲通用货币为欧元，其他货币在使用或在欧洲兑换欧元时都会有汇率损失，建议您在欧洲旅游时除了准备信用卡及银联卡外，最好在出国前参照您的行程来准备适量欧元，1000欧元左右为宜，以方便购物、支付导游司机小费和自费行程费用等。

商场的营业时间：周一至周五是09:00—18:00，Kinglan、Smaralind、纪念品店和市中心书店周末正常营业；银行的工作时间是09:15—16:00。

特产

冰岛号称是世界上最纯净的国家，没有污染。冰岛的特产有冰岛丽喜品牌的鱼油（Lysi），包括鳕鱼油、OMEGA-3、三文鱼油、鲨鱼油等等，适合儿童和孕妇食用。冰岛的羊毛特别有名。此外，冰岛蓝湖的化妆品、鱼皮制品、巧克力和工艺品也非常受游客欢迎。

购物时请您务必谨慎，在付款前仔细查验，确保商品完好无损、配件齐全并具备相应的鉴定证书，明确了解商品售后服务流程，购买后妥善保管相关票据。

退税

所有长期居住地在冰岛以外的游客均可通过退税体系获得价值为购物金额15%的退税。冰岛退税机构提供的退税方式为当地货币现金退税或银行卡退税。退税注意事项：

1.游客需在购物消费后30日内离开冰岛。

2.每张购物发票消费金额不少于含税价4000冰岛克朗。

3.游客在消费时向商店索取冰岛退税机构的退税单，填写个人信息。

4.如消费金额超过34501冰岛克朗，游客必须在办理登机手续前向海关出示所购物品并获取出境验证章。海关出境验证章盖章处在办理机票柜台后面。

5.在通过安检后，携带退税单前往二楼的退税窗口（英文标识TAX REFUND)办理退税。

6.办理羊毛制品的退税手续时不需要经过海关盖章。

7.根据中国海关总署颁布的2010年54号令，进境公民旅客携带在境外获取的个人自用进境物品总值在5000元以内（含5000元）的，海关予以免税放行。烟草制品、酒精制品、照相机、摄像机等20种商品不在免税范围内。

8.最新发布的《中华人民共和国禁止携带、邮寄进境的动植物及其产品和其他检疫物名录》，将燕窝、动物源性中药材、转基因生物材料等列入严禁携带或邮寄进境项目。

住宿

欧洲不同的国家有不同的酒店星级评判标准，同时许多欧洲特色小镇的酒店由于具备当地特色，反而不参加该国政府的星级评定，因而没有星级的挂牌。例如瑞士有50%的酒店、德国有40%的酒店不参与政府的星级评定，但是这类酒店都具备行程中指定同星级酒店的设施标准和接待能力。

北欧的酒店大多历史比较悠久，硬件相对来说比较

一般，而服务质量非常好。如果您下榻的是市中心的四星级酒店（其档次相当于国内的三星级饭店），需要注意的是，在夏季，市中心的酒店房间有空调的不多。而在一些新城市或者市郊新建的酒店设施都要好一些，空调也都会配备。欧洲酒店一般不配备电水壶及牙刷、牙膏、拖鞋等个人用品，敬请自备。

入住酒店沐浴时，请注意不要将水排到浴缸外，若不慎浸湿地毯，可能要赔偿300~1000欧元。欧洲地处温带，夏天气候比较凉爽，因此，很多酒店夏季不供应冷气。出于行程安排，有些酒店会离市区中心较远，有的需驱车一小时或以上。有些欧洲酒店的双人标准房会设置一大一小两张床，方便有小孩的家庭游客；还有些欧洲酒店的双人房只设置一张大的双人大床，放置双份床上用品；有时是两张单人床拼在一起，用时可拉开。请尽量与团友共同协商解决。

欧洲习惯吃简单的早餐，酒店提供的早餐通常只有面包、咖啡、茶、果汁等，欧洲对浪费食物非常反感，请您用早餐时酌量盛取。冰岛的午餐以西式一道式为主，晚餐以西式三道式为主。

请您注意贵重物品的安全，酒店不负责房间内物品的安全，司机不负责车上物品安全，请您一定随身携带贵重物品，在离开酒店时仔细检查，不要将物品遗留在酒店里，下车游览时不要将贵重物品放在车上，如果丢

失请自行负责，保险公司也不予承保。

冰岛的大多数酒店禁止在房间内吸烟，一经发现将会被处以20000冰岛克朗的罚款。部分酒店设有吸烟房，需要吸烟房的客人需在预定时予以说明。此外需要说明的是，冰岛禁止在公共场所吸烟。

饮食

冰岛的鱼类和羊肉是一定要品尝的美食，各大酒店餐厅均有料理。冰岛极具特色的美味佳肴都是由冰岛厨师们利用冰岛新鲜原料烹饪出来。冰岛的海产品丰富、纯净、新鲜、无任何污染，特别是冰岛小龙虾，鲜美无比。冰岛的牛、羊也是野外自然放养的。

冰岛中餐厅数量不多，且只在首都经营，首都雷克雅未克之外没有中餐厅。冰岛旅游线路中会路过很多加油站，一般加油站会带有餐厅及部分冰岛特产，旅行团的午餐一般在此进行，以汉堡、三明治、汤等简餐为主。

小费

冰岛有付小费的习惯，这是国际礼仪之一，是对服务人员工作的肯定与感谢。

机场

冰岛最大的机场为位于首都雷克雅未克的卡夫拉维克国际机场，此外在冰岛其他城镇也有国内机场运营。

手机通讯

境外使用手机，请在出发前到相应营运商营业厅开通国际漫游，确保您的手机在境外使用畅通。总的来说，在冰岛接打国内电话话费相对较贵。

中国移动：冰岛属于3元区，直拨当地电话、拨打中国大陆电话（+86加电话号码）及在当地接听电话一律为2.99元/分钟；发中国大陆短信可直输手机号，1.29元/条，接收短信免费；移动上网或收发彩信（含手机报等业务）收取数据流量费用0.05元/KB（使用1M收取51.2元），每次上网不足1KB按1KB计。

中国联通：拨打当地电话每分钟4.86元，拨打中国大陆电话每分钟14.86元，在冰岛当地接听电话每分钟5.86元，接收短信免费，发送短信至中国大陆每条1.86元，发送短信至其他国家和地区每条2.86元。

医药及保险

由于在国外的药房买药必须凭医生的处方，且医药费昂贵，建议您根据自身情况带一些常用药品，以备不时之需。

如因自身疾病必须携带某些药品时，应请医生开具处方，并备齐药品外文说明书和购药发票。

为了您的安全起见，当您参加有一定危险性的室内

或户外活动时，请务必了解当天的天气情况及您个人身体状况是否适宜参加此类项目。

游客应在出行前确保自身身体条件能够完成旅游活动。建议游客在出行前根据自身实际情况自行选择和购买旅行意外伤害保险或旅行境外救援保险。

旅游意外伤害险或救援险承保范围不包括以下情况，游客购买前请咨询相关保险公司。（1）游客自身带有慢性疾病；（2）参加保险公司认定的高风险项目如跳伞、滑雪、潜水等；（3）妊娠、流产等保险公司规定的责任免除项目。

行李托运

建议您使用带轮子的行李箱，以方便随航班托运及随身携带，托运行李前一定要将行李上面的旧托运条撕去，防止托运行李时引起误会，导致您的行李运错地方。为防止行李被偷、撬，建议使用小锁将行李拉锁锁住。

城市

冰岛最大的城市是首都雷克雅未克，是世界上位置最北的首都，人口约为20万人，占冰岛总人口的60%以上。冰岛的第二大城市是冰岛北部的阿库瑞里，人口约为1.7万人。其他均为分布在冰岛海岸线上的一些小型村镇，人口为几千人不等。

宗教

冰岛受到北欧神话及冰岛萨迦文学影响很大,建议游客在前往冰岛前了解相关知识。

社会

冰岛属于高纬度国家,冰岛人性格直接豪爽。冰岛人的受教育程度很高,官方语言为冰岛语,但大部分人都可以讲英语。冰岛治安状况非常好,犯罪率极低,重大刑事案件罕见。

冰岛因为人口稀少,只有30余万人,所以鼓励生育,未婚同居和生子通通是合法的。如果在街道上碰到很年轻的少女推着婴儿车晒太阳,千万不要大惊小怪,因为在冰岛16岁以上生子都是合法的。

紧急联系方式

冰岛电话区号:00354

紧急服务(警方、火警、急救):112

国家医院联系电话:525-1000

中国驻冰岛大使馆

地址:Bríetartún1, 105 Reykjavík

电话:00354-5276688

非工作时间中国公民领事保护电话:00354-8932688(仅供紧急联络用,护照、签证等业务咨询请于工作时间拨打咨询电话)

传真:00354-5626110

电子邮件:chinaemb@simnet.is

网址:http://www.china-embassy.is

签证处办公时间:周一、周三和周五上午09:00—11:30(节假日除外)

经济商务参赞处

地址:Garðastræti 41, 101 Reykjavík

电话:00354-5526322

传真:00354-5623922

电子邮件:is@mofcom.gov.cn

网址:http://is.mofcom.gov.cn

小贴士

特别注意

个别使馆规定，凡在旅行社办理签证的游客回国抵达机场时需将护照、全程登机牌交回使馆销签，届时会有专人向游客收取！同时，护照销签的时间取决于各使馆的工作进度，视淡旺季不同销签时间也不同，通常为15~30天。因此，请务必保管好全程登机牌，并核对姓名拼写，发生姓名错误请及时补救。若因游客自身原因丢失、缺损登机牌证明或姓名不正确，请抵达中国后配合旅行社第一时间前往使馆面试销签；如果不能当即销签，使馆会通知面试核销签证，由此产生的所有费用由游客自己承担。

个别使馆规定，部分游客可能会被通知前往使馆进行面试销签，面试销签关系到使馆给予游客良好的记录，请游客予与配合！同时，请游客在没有得到使馆通知前先不要预订回程机票或火车票，以免造成游客不必要的经济损失！（一般使馆会在团队回国当天通知旅行社，旅行社会电话通知导游，由导游转告游客。）请提前做好思想准备。

当您从欧洲离境时，务必检查海关是否给您的护照盖了清晰的离境章，如果没有盖章或者因章不清晰无法辨认将会导致使馆要求您面试销签，由此造成不必要的损失，也只能由本人承担。请您谅解的同时也请您自己务必仔细留意。

所以，请游客在回国过关后注意检查自己的护照入境章，它是您已经回到中国的唯一凭证。如有缺失或不清楚及时发现后要求重盖，以免造成不必要的损失。

NORTHERN EUROPE GUIDE

畅游北欧

Northern Europe

⑰

冰岛雷克雅未克

雷克雅未克是冰岛最大的港口城市。这里的建筑小巧玲珑，风格各异，给人以古色古香、整齐美丽、宁静优美之感。在这里人与自然和谐相处，空气清新，有"无烟城市"的美誉，因此全世界的游客蜂拥而至。

01 雷克雅未克旧城区
体验冰岛传统风貌

逛

TIPS
🚌 乘13号巴士在Raohus站下 ⭐⭐⭐⭐⭐

雷克雅未克旧城区是体验冰岛传统风貌最好的地方，在旧城区里随处能见两层高的木制房舍，这些房屋围绕着中央广场分布，年代都十分悠久。在这里感觉不到现代都市的混浊空气，仿佛完全没有受到污染一般。

✱ 购物街 时尚潮流的聚集地

雷克雅未克的购物场所主要集中在Laugavegur及Bankastraeti两条大街附近，有不少销售服装、饰品、旅游纪念品和工艺品的店铺，很多世界知名品牌在这里汇集，是前往冰岛不可错过的购物胜地。

02 赫格瑞斯克雅教堂
山坡上的教堂

TIPS

📍Skolavorouholt ☎354-5101000 💰500冰岛克朗
🚌乘3、6号巴士在Frakkastigur站下 ★★★★★

赫格瑞斯克雅教堂是雷克雅未克最著名的地标建筑之一，教堂位于海拔75米的山坡上，方圆20多公里内都可以一眼望见。教堂前后一共花了34年时间建成，其玄武岩柱象征着冰岛火山，极富冰岛本地特色。此外，教堂内还设有观景电梯，游客可以登上教堂高塔一览四周美景。

03 雷克雅未克市政厅
建在湖面上的市政厅

TIPS

📍Tjarnargtu 11101 Reykjavík ☎354-5632000 ★★★★

雷克雅未克市政厅建造在一片湖面之上，这片湖被称作"鸭子湖"，面积达2平方公里。每到夏季各种水鸟都会聚集在湖上，一派生机勃勃的景象。市政厅造型呈火焰状，其中一部分位于湖面以下，在市政厅里有一处大型冰岛模型，全面展示了冰岛复杂的地理状况，形象逼真，令人难忘。

04 珍珠楼
雷克雅未克现代化的地标

TIPS
- Bustaoavegur
- 354-5620200
- 1500冰岛克朗
- 乘18号巴士在Perlan站下
- ★★★★★

珍珠楼是雷克雅未克现代化的地标之一,是一座由6根巨柱和半球形玻璃屋顶的屋子构成,在自然光的照射下,屋顶闪烁着耀眼的光芒,珍珠一般璀璨夺目。在过去6根巨柱是用来储存地下热水的,但是随着科技的发展,它的功用也越来越小。

✱ 萨迦博物馆
不可错过的古老文化博物馆

萨迦博物馆就位于珍珠楼内,馆内记录了很多冰岛的神话故事。在这里聆听传颂了百年的美丽神话和传说中的英雄事迹,是那些喜欢古老文化的人们不能错过的。

05 国会旧址
西方国家政治的发源地之一

国会旧址既是冰岛国家的摇篮，也是西方国家政治的发源地之一。国会旧址始建于930年，是一个露天议会，也是世界上第一个议会，议会的成立标志着冰岛作为一个国家的建立。在国会旧址中间有一块巨大的石头，叫做国会石，是当时议长宣布重要决议的地方。

TIPS
Kirkjutorg ★★★

06 蓝湖
雷克雅未克最美的自然景点之一

TIPS
240 Grindavik 354-4208800 3500冰岛克朗 乘BSI巴士可到 ★★★★★

蓝湖是雷克雅未克最美的自然景点之一，位于一座死火山的火山口上，是世界最大的温泉湖。每个来到蓝湖的人都会被它深邃迷人的色彩所吸引，白色的湖底、湛蓝的湖水，一切都显得那么清澈纯净，人的心灵仿佛都受到了洗涤一般。

07 金圈之旅
最著名的一条冰岛游览线路 赏

TIPS
☎ 354-4806800　💰 4000冰岛克朗（巴士金圈之旅单程票价）　🚌 乘6号巴士可到　⭐ ★★★★★

金圈之旅是最著名的一条冰岛游览线路，从雷克雅未克出发，环绕雷克雅未克附近一周后回到这里，沿途可以看到冰岛最漂亮的自然景观并感受到最传统的文化，因此被人们称作"金圈"。金圈之旅来往只需要一天时间，是全面了解冰岛这个国家的魅力的最好方法。

看点01　盖希尔间歇泉
世界上最著名的间歇泉之一

盖希尔间歇泉是世界上最著名的间歇泉之一，位于冰岛著名的Haukadalur谷地喷泉区之中，而盖希尔间歇泉是这片区域中喷水最高、规模最大的一处。每当间歇泉喷水时，水柱可以高达十数米，轰鸣声传到很远，十分震撼。

看点02　辛格维利尔国家公园
冰岛最具特色的地质公园

辛格维利尔国家公园是冰岛最具特色的地质公园。这里不仅有古老的议会旧址，更吸引人的是这里为欧亚大陆板块和美洲板块的交界地，因此形成了独特的裂谷景观，人们可以在这里横跨亚、欧、美三大洲，让人平添了一丝横跨半个地球的壮志豪情。

看点 03 凯瑞斯火山口湖
冰岛著名的火山湖之一

凯瑞斯火山口湖形成于6500多年前的一次火山喷发，是冰岛著名的火山湖之一。整个湖面直径170多米，深50多米，湖水呈深邃的湛蓝色，这种自然的纯净魅力实在是让人难忘。

看点 04 古佛斯瀑布区
冰岛规模最大的壮美瀑布

古佛斯瀑布也称"黄金瀑布"，是冰岛规模最大的断层瀑布，宽2500米，高70米，在阳光的照射下，弥散的水雾闪耀着金色光芒，整个瀑布金光闪闪的，就好像真的由黄金构成一样，其壮美难以用语言来形容。

看点 05 史卡哈特教堂
饱经风霜的历史教堂

史卡哈特教堂是冰岛两大主教坐堂之一，兴建于11世纪的原教堂早在18世纪一次大地震中毁于一旦，如今保留下来的是1965年时重建的。在教堂地下设有小型博物馆，向游客们展示这座教堂悠久的历史。

NORTHERN EUROPE GUIDE

Northern Europe

畅游北欧 ⑱

冰岛其他

冰岛是欧洲最西部的国家，也是欧洲第二大岛。神奇的生物和壮观的火山、瀑布、冰盖等都是冰岛常见的景象，这里温泉最多，地热资源丰富，因此也被称为"冰火之国"。这里神奇的自然现象与地质面貌令人充满憧憬和向往。

01 维克镇
安静祥和的小镇

TIPS
Vik　354-4871395　乘12、112号巴士可到　★★★★

维克镇位于冰岛最南端，整个小镇只有600多位居民，宁静而祥和。在小镇上可以看到著名的黑沙滩，沙滩上的沙子全都是纯黑色的，不过这可不是污染的结果，而是由于当地特殊的地质形成的。清澈的海水拂过漆黑的沙滩，有一种奇妙的视觉感受。

看点 01　赏鸟之旅　大自然乐趣的奇妙之旅

维克镇周围的生态环境保护良好，生活着很多水鸟。人们可以从镇中步行到临海的山崖上观鸟，既能锻炼身体，也可以体验大自然的乐趣。这里有一种只在高纬度地区出现的"神奇鸟"，是难得一见的珍稀鸟类。

| 看点 02 | **史可加瀑布** | 冰岛气势宏大的瀑布 |

史可加瀑布是冰岛知名的大瀑布，宽25米，高60米，水量十分充沛。在瀑布旁边设置有木制步道，可以登上瀑布近处，感受水沫打在脸上的爽快感。此外，传说史可加瀑布内还藏有维京海盗留下的宝藏，给这瀑布增添了不少神秘色彩。

02 高莎瀑布
"众神的瀑布"

赏

TIPS
🏠 Akureyri 🚌 乘SBA14号巴士可到 ★★★★

高莎瀑布位于阿库瑞里和米湖之间，在冰岛语中是"众神的瀑布"的意思。公元1000年的冰岛旧国会时代，决定以基督教作为国教，便将旧时众神的神像全都扔入高莎瀑布，从此高莎瀑布就具有了十分重要的历史意义。

03 杰古沙龙冰河湖
冰岛最大最著名的冰河湖

TIPS
☎ 354-4782222　🚌 霍芬镇乘19号巴士在Jokulsarlon站下　★★★★★

杰古沙龙湖位于瓦特纳冰原口,是冰岛最大、最著名的冰河湖,深达200米,是冰岛第二深的湖泊。冰河湖的湖水湛蓝清澈,形状各异的超大冰块飘浮于湖面上,就好像天然的冰雕一样,让人叹为观止。

04 杰克拉瑟
游览冰河最重要的旅客中心

杰克拉瑟游客中心是前往史考拉冰河游玩的聚集地和始发地,这里为游客提供各种完备的服务,还给将要进行摩托车观光之旅的客人们进行必要的训练和教学,是每个前往史考拉冰河游玩的人不能不去的地方。

TIPS
☎ 354-8943133　★★★★

✱ 摩托车观光之旅   游览冰河最好的选择

乘坐摩托车在冰河上驰骋是游览冰河最好的选择，摩托车观光之旅在杰克拉瑟游客中心始发。在经过短时间的教学后，游客们就可以骑着摩托车排队前往冰原了。不过冰河地区地势复杂，一定要跟随领队行动，确保安全才行。

05 瓦特纳冰原国家公园
地形多变的国家公园

TIPS

📍785 Fagurholsmyri, Skaftafell National Park, Kirkjubaejarkaustur ☎354-4781627 ？ ✱★★★★★

瓦特纳冰原国家公园由原斯卡夫塔费德国家公园、Jkulsárgljúfur国家公园及周边地区组成，总面积超过12000平方公里，是欧洲最大的国家公园。在公园里可以看到草原、高山、怪石等各种地形地貌，自然风景壮美非凡。

畅游北欧 · 冰岛其他

看点 01 史卡夫塔冰河口   气势磅礴的冰河口

史卡夫塔冰河口仿佛将整条冰河倾倒在平原上。夏季时融化的冰河水会夹杂着泥沙形成特殊的缓流水景观，不过由于附近比较危险，故而一般禁止游客攀爬冰原，一定要在导游的指引下行动。

看点 02 | 史瓦提瀑布
冰岛最具标志性的壮观瀑布

史瓦提瀑布是冰岛最具标志性的景观，很多明信片上都有它的倩影。瀑布周围都是黑色的玄武岩，宛如白练一般的瀑布水从高处飞流直下，汇入清澈见底的深潭，此情此景令人终生难忘。

06 | 胡沙维克赏鲸之旅
看鲸群的嬉戏

TIPS

 Husavik附近海上　☎ 354-4642350　💰 6800冰岛克朗
★★★★★

胡沙维克是冰岛最好的赏鲸胜地。每年夏季这里会有11种鲸鱼聚集觅食，因此经常可以看到鲸鱼成群出没的壮观景象。人们可以乘坐旅游公司提供的船只出海，在鲸群附近看它们嬉戏游玩的景象。

07 阿库瑞里劳法斯传统房屋
各种历史悠久的传统房屋

TIPS
354-4633196 1500冰岛克朗 ★★★

阿库瑞里是冰岛第二大城市，以悠久的历史而闻名。这里最有看头的当属劳法斯传统房屋。劳法斯传统房屋其实是一处被完好保留下来的传统农场，不仅有很多草顶房子，房内还有冰岛旧时的传统农具，很具历史感。

08 米湖
充满生机的湖泊

TIPS
Lake Myvatn 354-4644390（米湖游客服务中心） 11800冰岛克朗 阿库瑞里乘62号巴士在Reykjahlio站下
★★★★

米湖也叫"蚊湖"，由于湖水富有营养，每到夏天就蚊虫滋生，因此就有了这个名字。这片湖泊是2300多年前火山喷发形成的，周围随处都能见到各种火山遗迹，包括熔岩柱和无根泉等。此外，湖边还栖息着大量的水鸟，颇具生机和活力。

索引 INDEX

A

ABSOLUT Ice Bar Stockholm	180
Aker Brygge购物商场	081
Amurin工人住宅博物馆	248
artek	228
阿胡斯大教堂	153
阿胡斯大学	152
阿胡斯美术馆	150
阿克斯胡城堡	081
阿肯美术馆	145
阿库瑞里劳法斯传统房屋	277
阿玛莲堡王宫	133
阿莫斯安德森美术馆	224
埃尔夫堡防御设施	196
埃斯普拉纳蒂公园	226
安徒生博物馆	161
安徒生公园	161
奥丹斯安徒生故居	160
奥丹斯大教堂	163
奥斯陆大教堂	064
奥斯陆大学	076
奥斯陆歌剧院	068
奥斯陆市立博物馆	089
奥斯陆市政厅	079
奥斯陆中央车站	064

B

白色大教堂	227
卑尔根大教堂	094
卑尔根美术馆	097
卑尔根水族馆	096
卑尔根鱼市	095
北方民俗博物馆	189
布里根博物馆	093
布里根旧城区	093

C

Cafe Petersborg	133
Clarion Wisby Hotel	209
Crystal Art Center	179

D

Dagmar饭店	166
Det Gule Hus Cafe & Dining Room	118
达拉纳博物馆	201
大教堂	186
丹麦国家博物馆	119
丹麦琥珀屋	133
丹麦设计中心	115
丹麦犹太博物馆	125
当代艺术博物馆	067
德国教堂	187
电影博物馆	065

F

法伦铜矿区	203
纺织工厂	247
菲登斯堡宫	143
腓特烈堡	144

腓特烈教堂	131		海门林纳美术馆	248
芬兰防御城堡	237		海事博物馆	197
芬兰国会大厦	231		海洋博物馆	243
芬兰国家博物馆	231		汉萨博物馆	096
芬兰建筑博物馆	226		汉萨集会所	095
芬兰厅	232		赫尔辛格旧城	156
夫拉姆	103		赫尔辛基奥林匹克体育场	238
弗洛伊恩山	100		赫尔辛基市立美术馆	223
			赫尔辛基中央车站	222
G			赫格瑞斯克雅教堂	265
Georg Jensen	126		红姑妈咖啡屋	201
干草广场旧货市场	183		胡沙维克赏鲸之旅	276
高莎瀑布	273		皇家哥本哈根	115
高特岛	209			
哥木哈根步行街	124		**J**	
根本哈根歌剧院	135		嘉士伯啤酒游客中心	140
哥本哈根嘉年华	115		间谍博物馆	244
哥本哈根爵士现场	120		监狱博物馆	249
哥本哈根市博物馆	141		交通博物馆	189
哥本哈根市政厅	114		杰古沙龙冰河湖	274
哥本哈根植物园	137		杰克拉瑟	274
哥塔广场	194		金圈之旅	268
工艺设计博物馆	131		旧股票交易中心	126
古斯塔夫阿道夫广场	195		救世主教堂	127
鲑鱼中心	102		军事博物馆	249
国会旧址	267			
国家剧院	075		**K**	
国立露天博物馆	151		尔玛博物馆	205
国立美术馆	135		卡尔玛城堡	204
国立图书馆	127		卡尔玛大教堂	205
			卡尔玛旧城区	204
H			卡尔·约翰斯大道	069
哈孔城堡	092		康提基博物馆	086
海门城堡	250		克里斯蒂安堡宫	121
海门林纳历史博物馆	250		克伦堡	158

卡拉达尔村	105	莫斯格史前博物馆	153
		木马工坊	204

L

拉普凡-罗瓦涅米北极圈博物馆	251		
蓝姑妈餐厅	201		
蓝湖	267		
老卑尔根博物馆	100		
乐高乐园	167		
雷克雅未克旧城区	264		
雷克雅未克市政厅	265		
里贝大教堂	165		
里贝事件柱	169		
里贝维京博物馆	166		
里瑟本游乐园	195		
历史博物馆	079		
历史博物馆	180		
列宁博物馆	244		
露天市集广场	229		
路易斯安那美术馆	142		
绿姑妈古董店	202		
罗森克兰塔	092		
罗斯基尔Galleri NB艺廊	163		
罗斯基尔大教堂	162		
罗斯基尔宫殿	157		
洛森堡宫（玫瑰宫）	136		

N

尼古拉斯教堂	123
挪威国会大厦	066
挪威国家美术馆	078
挪威海洋博物馆	087
挪威建筑博物馆	065
挪威民俗博物馆	085
挪威王宫	074
诺贝尔博物馆	187
诺贝尔和平中心	077

O

Ostermalmshallen	179

P

Pohjoisesplanadi购物街	230
Pyynikin Nakotorni观景塔	248

Q

趣伏里公园	117

S

Sarkanniemi Elamyspuisto冒险乐园	245
SAS Radisson H.C Andersen	164
Stockmann百货公司	222
Stortorvets Gjaestgiveri	070
Svenskt Tenn	182
塞拉沙里岛	239
设计美术馆	230
圣奥勒夫教堂遗址	200

M

Mathias Dahlgren	181
Museokeskus Vapriikki博物馆	247
马尔默城堡	206
马尔默设计中心	207
马尔默市立图书馆	207
蒙克博物馆	071
米湖	277
米勒公园	191

圣彼得大教堂	208	文化史博物馆	099
圣诞老人村	252	沃尔沃汽车博物馆	197
圣玛利亚教堂	156	乌斯本斯基大教堂	228
圣玛利亚教堂	200		
圣母教堂	122		
圣母教堂	149		

X

石雕博物馆	125	西贝柳斯博物馆	243
市立博物馆	152	西贝柳斯公园	236
市政厅	148	西贝柳斯故居	249
水晶王国	210	西格图娜市政厅	200
斯德哥尔摩市政厅	178	西挪威装饰艺术博物馆	099
斯坎森露天博物馆	190	现代博物馆	225
松恩峡湾	102	现代美术馆&建筑博物馆	188
		小博门码头	196
		小美人鱼像	130
		新港	134

T

坦佩雷大教堂	244	新国王广场	131
坦佩雷噜噜米山谷艺术博物馆	247	新嘉士伯博物馆	116
图尔库城堡	242	旋转大楼	205
图尔库大教堂	242		
图尔库中古&现代艺术史博物馆	243		
托加曼尼根广场	094		

Y

		雅典娜美术馆	225

W

		岩石大教堂	233
		伊格斯考夫堡	163
瓦萨号战舰博物馆	188	艺术博物馆	194
瓦特纳冰原国家公园	275	易卜生博物馆	077
王冠之家	195	音乐博物馆	181
王家歌剧院	183	尤里肯山	101
维格兰博物馆	086	邮政博物馆	224
维格兰雕塑公园	088	圆塔	123
维京博物馆	157		
维京船博物馆	084		

Z

维京文化村	211		
维京文物馆	148	珍珠楼	266
维克镇	272	卓宁霍姆宫	191
维斯比旧城区	210	自然史博物馆	098
		佐恩博物馆	202

考拉旅行书目

● 畅游系列！

 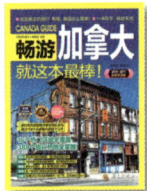    

更多图书
敬请期待……

● 攻略系列！

更多图书
敬请期待……

图书在版编目（CIP）数据

畅游北欧/《畅游北欧》编辑部编著. --北京：华夏出版社，2018.8
（畅游世界）
ISBN 978-7-5080-8718-4

Ⅰ．①畅… Ⅱ．①畅… Ⅲ．①旅游指南-北欧 Ⅳ．①K953.09

中国版本图书馆CIP数据核字（2016）第005280号

畅游北欧

作　　者	《畅游北欧》编辑部
责任编辑	杨小英
责任印制	刘　洋
出版发行	华夏出版社
经　　销	新华书店
印　　装	河北赛文印刷有限公司
版　　次	2018年8月北京第1版　2018年8月北京第1次印刷
开　　本	720×920　1/16开
印　　张	18
字　　数	300千字
定　　价	68.00元

华夏出版社　网址：www.hxph.com.cn　地址：北京市东直门外香河园北里4号　邮编：100028
若发现本版图书有印装质量问题，请与我社营销中心联系调换。电话：（010）64663331（转）

考拉旅行 乐游全球